キャリアデザイン

就職活動を考える学生のために

下畑浩二・森

三恵社

まえがき

　執筆者たる下畑、森田両名ともに、多くの学生への就職に関する教育やアドバイス、また所属大学では就職支援などに関する委員を担っている。下畑は経営学諸科目を中心に授業を担当しているが、キャリア教育科目の教育に従事して以降今年度(2023年度)で10年目、また、個人的にも学生の就職の相談を受けてアドバイスをするようになってから16年目となる。また、森田は、2013年に大学教員になって以降、経営学・会計学を中心にキャリアデザインや専門ゼミでのキャリア教育をも教えるようになって今年度で11年目となる。

　経営学を扱い、また我々はキャリア教育をも扱う我々であるからこそ、自分の人生をもっと真剣に考えてマネジメントし、しっかりと生きていきたいと常日頃より考えている。その一方で、学生のキャリア支援は、他者の人生設計の支援を行うがために自分のアドバイスでその学生のキャリアのみならず人生のデザインに影響を与えることがある。そうであるからこそ、自分自身の人生を考える以上に真剣さを持って学生の話に聞き入り、明確な指針とアドバイスを示せていると筆者両名は自負している。

　若者による熱意であろうか、第一新卒での就職先の重要性を考えれば当たり前のことであるかもしれないが、若者が自分の未来を創るにあたっての真剣な姿勢には、協力を惜しまないだけの熱意を強く感じる。筆者はともに2人の子どもを持つ父の立場もあり、その子達の将来について案じるように、教え子たる学生の皆さんの将来に対して今まで以上に力になりたいと考えている。このため、これからも学生に確かな支援を送りたく本書の出版を計画・執筆した。

　本書は2年前からの下畑によるキャリア本の執筆計画に、北陸大学にて実務教員としての面を持ちキャリア教育科目を担当する森田が参加することで、同計画が動き出し、出版に至った。下畑からすると、森田による実務家教員ならではの着眼点には気付かされる点が多かった。また、森田からは、下畑のキャリア教育への熱意と学生の指導方法に対して大いに刺激され大変勉強となった。これらの点を可能な限り併せての本の執筆・出版である。

　アメリカでFrank PersonsがChoosing a Vocation(1909年、Houghton Mifflin company)を著して以降、職業選択に関する諸理論は長きにわたり発展してきた。本書は、そのことを理解しつつも適職ではなく「大学新卒者が選ぶ最初の職業・職場の選択」、社会構造によって職業が定まるのではなく「個人に寄り添い、就きたい仕事を目指す方法」、そして「キャリア教育科目以外にも大学の諸科目を通じてキャリアデザインに必要な能力・知識・スキルを得

ていくことへの気づき」を軸とし、次の 3 点から就職先を定めるためのきっかけを提供したい。(1)自身の様々な経験を顧みて、一部なりとも社会人基礎力なるものが過去の経験を通じて培われていることを理解し、今後も同基礎力を培い続けるための指標を提示すること、(2)小学生以降の自分の過去を振り返って自身の特性を把握するだけではなく、社会やその構成員から見た自分のあり方をも理解すること、そして、(3)提示した方法から希望の産業や企業を選定することやインターンシップなど就職活動に一歩踏み出してもらうこと、である。

なお、この本の内容はキャリアを考えてもらう上でベーシーな内容に抑えた。このため、紙面の都合と学生に読みやすく関心を持ってもらえる点を考慮し、今回は Persons 以降の職業選択の諸理論の整理については省略している。今後の出版の機会でより一層充実した内容にすることを期待したい。今回の執筆に当たって、下畑と森田の担当箇所は次のとおりである。

下畑：はしがき、目次、序章、第 1 章、第 2 章、第 3 章第 1 節、第 4 章、第 5 章、第 6 章、第 9 章、おわりに、索引

森田：はしがき、第 3 章第 2 節、第 7 章、第 8 章、第 10 章、第 11 章

また、本書の表紙のイラストについては、時には挫折はあれども、各産業の成長とともに自らを成長させていく若者の明るい将来と力強さを示したものである。筆者両名がこのコンセプトを考えるとともに下絵を描いた。学生の皆さんに対して、表紙のイラストや本文に散りばめられている様々な想いが伝わることを願う次第である。

今まで下畑、森田がそれぞれの所属大学で担当したキャリア教育諸科目では、履修生の皆さんの反応を見ながら授業構成や内容を年々考えてきたが、その考えやアイデアが執筆内容の土台となっている。両著者の大学の同僚や同じ学会に所属する研究者の方々からは、キャリア教育科目や本来専門とする科目など全般にわたる教育観に刺激を受けた。また、キャリア支援関連部署の職員の皆様には様々なご支援をいただいた。そして、三恵社代表取締役木全俊輔様、同社東京事務所の井澤将隆様と吉川竜矢様には本書出版に際し、大変お世話になった。皆様に感謝の意を表したい。ありがとうございました。

大学教員は常日頃様々な仕事を同時に抱えている。我々も例外に漏れずそうであり、執筆時は特に家族とともに過ごす時間が上手には取れなかった。仕事への理解を示してくれる家族に感謝したい。また、執筆を通じて家族とともに歩む自分の人生をも今一度顧みるきっかけとなった。本書が、皆さんの人生の、そして筆者 2 名の人生の糧となることを願いたい。

2023 年 8 月 4 日

下畑 浩二

森田 聡

目次

序文

本書の目的

　大学生の皆さんは、『就職について考えましょう』という趣旨の言葉を聞くと、将来に向き合い就職を考えることに対して不安が尽きず、悩ましく重圧を感じることがあるかもしれない。考えられる主な理由として、自分が就きたい職業に就けるか否かという不安、就職先を絞り込むことへの不安、などである。また、事前に仕事を通じて活かすことができる自身の強みなどの特性も十分に把握できず(あるいは気づかず)、自分がどの産業・企業・職業に就き、如何なる仕事を担いたいのかが判断できないために不安に苛まれる学生もいるだろう。このことからも、就職とそれに関する活動は人生における重大なイベントの一つと言えよう。

　本書では、学生の皆さんが、主として次の3点から就職先をしっかりとした基準を持って定めるためのきっかけを提供したい。3点とは、(1)自身の様々な経験を顧みて、一部なりとも社会人基礎力なるものが過去の経験を通じて培われていることを理解し、今後も同基礎力を培い続けるための指標を提示すること、(2)小学生以降の自身の過去を振り返って自分の特性を把握するだけではなく、社会やその構成員から見た自分のあり方をも理解すること、そして、(3)提示した方法から希望の産業や企業を選定することやインターンシップなど就職活動に一歩踏

み出してもらうこと、である。加えて、本書は外国人留学生に対するアドバイスについても言及する。

　具体的な本書の構成は次のとおりである。第1章から第3章はキャリアデザインの土台を築くために、キャリアに関する基礎的な知識や考え方を身につけることを目的としている。第1章では、キャリアとは何かを理解し、そして、キャリアを考える上で大卒後に直面する状況とその課題を捉えることで、キャリアをデザインするための土台を培う。第2章では、キャリアに関する能力・知識・スキルはどこから学ぶことができるのか、大学教育に絞って話をする。キャリア教育科目のみならず、大学で履修できる様々な科目であってもそれら知識や考えを学ぶことができることを理解する。そして、それらは「あなたの気づき次第で見いだすことができるもの」であることに注視してもらう。第3章では、社会に出て企業に勤めて以降皆さんが取るべき姿勢(仕事に対する姿勢、組織人・社会人としての姿勢)について、学生時代からそれらの姿勢を理解して準備するためにワークに取り組む。

　続く第4章から第5章は、キャリアを考えるにあたって、自分と社会との関わりをも含めて自分を顧みてもらう。

　第4章では、自分自身を顧みることにより、

「なりたい自分(理想像)」を目標に掲げてその理想像に近づくための継続的な努力を促す。そして、自分を第三者に適切な言葉で不足なく伝えることの必要性を理解する。第5章では、人は社会を構成するとともに様々な「社会」に属していることから社会における皆さん自身のあり方を確認する。

第6章から第9章は、就きたい職業を見つけ、そして志望企業の選定に取り組む構成である。

第6章「就きたい職業を見つけよう」では、近年話題となっている、「コンピューターによる自動化可能性が高いため無くなる可能性が高いと言われる職業、無くならない可能性が高い職業」について、その背景を踏まえてそれら職業について整理する。その上で、皆さんが就きたい職業、具体的に産業、企業、職種に触れ、ワークを使って考えてもらう。

第7章、第8章、第9章は志望企業の選定に取り組む。第7章は、志望企業選定の前段階として、企業分析に必要な財務諸表の見方を学び、財務諸表のうち損益計算書に踏み込んで理解を促す。第8章では、企業分析のための資料である四季報や有価証券報告書、アニュアルレポート、これら各々や前者2つについて見方を提示し、内容を理解できる章とした。それによって関心ある企業についてより詳しく理解できるための方法を学んでもらう。第9章では、産業・企業に関心を持った状態から一歩踏み込んで自分がどの産業や企業に自身が勤めたいのか、就職希望先の絞り込みの機会を提供したい。具体的には「東証33業種」を用いて志望業種・企業を絞るワークに取り組んでもらう。

第10章は、インターンシップへの積極的な参加を促すために、まずはインターンシップの種類について学ぶ。そして、インターンシップの見つけ方、インターンシップの形態とそれに対応した参加への心構え、企業側の意図などを説明する。

そして、第11章では日本に留学している外国人留学生が自らのキャリアを考え進路を選択するための情報を提供し、また留学生の主な3つの進路(①日本企業への就職、②日本の大学院への進学、③日本の文化や習慣を学んだ後、帰国し、母国で就職)について、各々の説明とその対策について言及した。

なお、本書を構成をわかりやすくまとめると次のとおりになる。就職活動を3段階に分けてホップ「関心を持つ」、ステップ「勤めたい産業・企業・職業を把握する」、ジャンプ「就職志望先となる企業への就職活動」と分けた上で各々の段階に当てはまる内容を本書では展開している。(表序-1参照)。

なお、本書では、会社と企業とを同一に捉え、企業を使用している。但し、次の場合は会社を用いる。1)簿記の理論的説明がなされている記述の場合(但し、ワークの記述では企業)、2)慣用的に使われている語句(例えば、会社説明)、3)引用先の記述が「企業」ではなく「会社」を用いている場合、である。

それでは、次ページの「第1章　キャリアを考えるために」に進み、キャリアデザインに取り組んでいこう。

表序-1：就職活動の段階と本書の位置付け

段階	段階の詳細		
	概要	ツール	本書
ホップ	・キャリアに関する理解(基礎知識、考え方) ・自分の立ち位置の確認(過去から、現在から、社会[企業含む]との関係から)。	・キャリア教育科目の入門やそのテキスト	第1章-第5章
ステップ	・就きたい職業を見つける ・産業や企業に関心を持つ ・就職希望先を絞り込んでみる	・無くなる可能性の高い職業、無くならない可能性の高い職業 ・有価証券報告書、アニュアルレポート、就職四季報を利用しながら、東証33業種を用いた絞り込み	第6章-第9章
ジャンプ	・就職志望先となる企業への就職活動	・選考につながるインターンシップやセミナーへの参加(夏休み、あるいはそれ以降) ・就職活動本番(書類選考、面接)	第10章
ジャンプ (留学生向け。日本の大学院進学組、帰国後就職組に限る)	・大学院進学 ・帰国後就職	・帰国後就職 ・大学院進学	第11章

第1章

キャリアをデザインするために

本書を通じてキャリアをデザインするにあたり、第1章から第3章までの3つの章を通じて同デザインの土台となるキャリアに関する基礎的な知識や考え方を培う。その最初の章となる本章(第1章)ではキャリアとは何か、キャリアを考える上で大卒後に直面する状況とその課題を整理する。

1．キャリアとは何か

将来を考えるに当たって、キャリアという言葉をよく耳にすることだろう。このキャリアという言葉は、何を意味するものであろうか。中央教育審議会は、平成11年[1999年]に答申「初等中等教育と高等教育との接続の改善について」によってキャリア教育の必要性が提唱され、キャリア教育推進のきっかけとなったとともに、平成23年[2011年]に答申「今後の学校におけるキャリア教育・職業教育の在り方について」を打ち出した。この中央教育審議会が定めたキャリアの定義を理解しよう。

中央教育審議会は、キャリアとは、「人が、生涯の中で様々な役割を果たす過程で、自らの役割の価値や自分と役割との関係を見出していく連なりや積み重ね」(文部科学省中央教育審議会、2011年、p.17)、と定義している。人生には様々なライフステージが存在し、各ステージを横断して存在する「連なりや積み重ね」としてキャリアを見ていく必要がある。である。自分の成長とともに

キャリアについてより詳細な理解するために、前述した文部科学省中央教育審議会が提示したキャリアの定義の前文を次に見ていきたい。

> 「人は, 他者や社会とのかかわりの中で, 職業人, 家庭人, 地域社会の一員等, 様々な役割を担いながら生きている。これらの役割は, 生涯という時間的な流れの中で変化しつつ積み重なり, つながっていくものである。また, このような役割の中には, 所属する集団や組織から与えられたものや日常生活の中で特に意識せず習慣的に行っているものもあるが, 人はこれらを含めた 様々な役割の関係や価値を自ら判断し, 取捨選択や創造を重ねながら取り組んでいる。
>
> 人は, このような自分の役割を果たして活動すること, つまり「働くこと」を通して, 人や社会にかかわることになり, そのかかわり方の違いが「自分らしい生

き方」となっていくものである。」(同、p.17)

　この前文を改めて他の言葉で置き換えて、また、その背景と考えられる内容を加味することで、前文の内容とその背景を把握する。人は、自分だけでは生きることができず、他者や社会との関わりの中で長い人生を生きている。その様々な関わりの中で役割も様々であり、時の経過に従って役割は変わっていく。役割は意図せずして、企業や団体など所属組織などから与えられており、例えば、所属する企業や団体などにおいて、年齢を重ねるに従ってその時々に果たす役割が変わり、一般的には、ある一定の年齢まで加齢に従いその役割の責任が一層重くなる。また、これは企業や団体だけではなく、家庭や社会でも同様の傾向がある。人は、過去に経験した「様々な役割の関係や価値」(同、p.17)を「自ら判断し，取捨選択や創造を重ねながら」(同、p.17)、今の役割や次の役割に従事して人や社会に関わりながら働く。そのことで「自分らしい生き方」となっていく。

　これらを踏まえて、キャリアという言葉を理解し、人生を計画的且つ有意義に積み重ねていくためにキャリアをデザインしていこう。

２．就職後の状況とその課題

　厚生労働省ウェブページ「新卒者の離職状況」より、表「新規大卒就職者の事業所規模別離職状況」の就職者数(1 年目)から、新規大卒就職者は平成 29 年[2017 年]3 月卒から令和 3 年[2021 年]3 月卒までの 5 年間において毎年 43 万人台から 46 万人台を推移して

いることが分かる。学生の皆さんにとって就職先の決定は、学生時代における目標の一つではある。一方で、同決定は人生の通過点に過ぎない。そして、大学卒業後に社会人となって以降、人生の多くの時間を仕事が占めることはあらかじめわかっていることである。このため、就職先決定以前から社会人となって以降を考え、就職先を考える必要がある。本節では、就職先を考えるための判断材料となる、新規大卒就職者が 3 年以内に大卒後最初の就職先を退職する現状を把握する。

　新規大卒就職者の 3 年以内の離職率を見ていくにあたり、次の条件からデータを抽出した。令和 5 年[2023 年]4 月時点で、就職して 3 年目が終わるまでの 3 年間(以後、3 年目までと呼称)に最初の仕事先を離職する新規大卒就職者のデータが公開されているのが平成 31 年[2019 年]3 月卒の者までである。このため、平成 21 年[2009 年]3 月卒までに遡り(理由は後述)、平成 31 年[2019 年]3 年 3 月卒の 11 年間の新規大卒就職者の「3 年目まで」のデータを検証する。これに加えて、「2 年目まで」のデータがある令和 2 年[2020 年]3 月卒、そして 1 年目までのデータがある令和 3 年[2021 年]3 月卒のデータも加えて検証することで、「3 年間のデータが揃わない近年の新規大卒就職者」の離職傾向を把握することにする。なお、平成 21 年[2009 年]3 月卒からとした理由は、2007 年から 2008 年にかけて生じた世界的規模での金融危機、リーマンショックによる影響が一年を通じて完全失業率や有効求人倍率など労働市場に大きく現れたのが平成 21 年度[2009 年度]、つまり平成 20 年[2008 年]4 月から平成 21 年[2009 年]3 月の労働市場であり、この金融

危機によって、それ以前の日本の労働市場の潮流とは大きく断絶しているからである。具体的に次の表を使いながら見ていきたい。

表 1-2-1 は、平成 21 年[2009 年]3 月卒から令和 3 年[2021 年]3 月卒までの新規高卒就職者・新規大卒就職者が就職して以降最大 3 年目までの各年の累積離職率を示している[1]。皆さんは大卒を目指すため、当節では大卒のデータに対して記述する。大学卒業後、企業や団体等に就職した者のうち、「3 年目までに離職をした新規大卒就職者の割合」は、平成 21 年[2009 年]の 28.8%であり、リーマンショックの影響を大きく受けて不景気な中転職が不可能と判断された結果と考えられる[2]。その後平成 22 年[2010 年]以降は同割合は常に 3 割を超えている。産業や事業所規模などの違いを考慮せずに、全般的な離職者傾向からのみ言及するならば、あなたと同年度

に企業や団体に就職した同期社員(職員)の 3 割超が 3 年以内に退職する、ということを意味していることになる。そして、新規大卒就職者の離職率は、新規大卒者各々の置かれている条件の違い(産業、事業所の規模や就労環境の相違)などで大きく異なることにも注意されたい。これら条件の違いからの離職率は後述するとして、この傾向は、令和 5 年[2023 年]4 月時点で離職率の 3 年間のデータが揃っている平成 22 年[2010 年]3 月卒から平成 31 年[2019 年]3 月卒に限らない。この 11 年のデータの出所である厚生労働省ウェブページ「新卒者の離職状況」の記載項目「新規学卒就職者の在職期間別離職率の推移」に掲載されている「新規学校卒業就職者の在職期間別離職状況」をみると、最も古い掲載データである平成 8 年[1996 年]3 月卒の時点から 3 年目までの離職率は 33.6%と 3 割強であり、平成 21 年[2009 年]3 月卒を除き、平成 31 年[2019 年]3 月卒までの年々の 3 月卒についても常に 3 割強であった。このことから、新規大卒就職者による就職後 3 年目までの離職率は常に 3 割を超えることは、日本の新規大卒就職者の特徴といえよう。

---

[1] 新規高卒就職者と新規大卒就職者は、採用時点において期待される職業や仕事の内容が異なること、そして新規大卒就職者は求人数やその内容の違いから選べる職業の幅が高卒者よりも広い。このため、一概にどちらの離職率が高いなどと言う単純比較はできないことに注意されたし。離職率の高低の比較のみとして高卒者と大卒者の離職率を併記するとともに、大学進学を選択しなかった場合の、「if(イフ)」としての自分の将来に横たわる現実として、高校新卒者のデータを併記した。なお、新規高卒就職者(以下、新規高卒者)の 3 年目までの離職率は、平成 21 年[2009 年]3 月卒が、35.7%、平成 30 年[2018 年]3 月卒が 36.9%であるが、その他の年の高卒者は、3 年目までの離職率が 4 割前後であることが分かる(表 2-1 参照)。
[2] 3 年目までの離職率が 3 割を切った平成 21 年[2009 年]は、労働市場においてリーマンショック[2007 年から 2008 年にかけての金融危機]の影響を大きく受けた年であった。同年 7 月には完全失業率(季節調整値・男女計)が 5.5%と、労働力統計が始まった 1953 年以降現在(2023 年 5 月)までで最悪である(総務省統計局、2023 年)。また、平成 21 年[2009 年]8 月は、有効求人倍率(季節調整値)が 0.42、その前後の月も 0.43)と同様に一般職業紹介状況が始まって以降現在(2023 年 5 月)まで最低及びその次の低さとなる時期が続いた(厚生労働省職業安定局雇用政策課、2023 年)。

表 1-2-1：新規高校卒業就職者・新規大学卒業就職者の３年目までの
各年の離職率(平成 21 年 3 月卒〜令和 2 年 3 月卒)注　　　(単位：%)

	新規高校卒業就職者			新規大学卒業就職者		
	1 年目	2 年目迄	3 年目迄	1 年目	2 年目迄	3 年目迄
平成 21 年[2009 年]3 月卒	17.1	28.1	35.7	11.4	21.1	28.8
平成 22 年[2010 年]3 月卒	20.7	31.8	39.2	13.4	23.3	31.0
平成 23 年[2011 年]3 月卒	20.8	30.8	39.6	14.3	23.5	32.4
平成 24 年[2012 年]3 月卒	19.6	31.4	40.0	13.0	23.3	32.3
平成 25 年[2013 年]3 月卒	19.9	31.8	40.9	12.7	22.8	31.9
平成 26 年[2014 年]3 月卒	19.4	31.4	40.8	12.2	22.8	32.2
平成 27 年[2015 年]3 月卒	18.1	29.7	39.3	11.8	22.3	31.8
平成 28 年[2016 年]3 月卒	17.2	29.0	39.2	11.3	21.9	32.0
平成 29 年[2017 年]3 月卒	17.1	29.4	39.5	11.5	22.9	32.8
平成 30 年[2018 年]3 月卒	16.8	28.7	36.9	11.6	22.8	31.2
平成 31 年[2019 年]3 月卒	16.2	26.3	35.9	11.7	21.5	31.5
令和 2 年[2020 年]3 月卒	15.0	26.8	■	10.6	21.8	■
令和 3 年[2021 年]3 月卒	16.6	■	■	12.2	■	■

(注)リーマンショックの影響が労働市場、特に完全失業率と有効求人倍率に色濃く現れた平成 21 年以降、
新卒後 3 年目までの数値が揃っている平成 31 年 3 月卒までの 11 年間と、調査時点で新卒者が就職
3 年目までに至っていない令和 2 年 3 月卒と令和 3 年 3 月卒を加えての作図を行なった。

(出所)厚生労働省　ウェブページ「新卒者の離職状況」より、項目「新規学卒者の事業所規模別・産業別
離職状況」掲載の表「新規高卒就職者の事業所規模別離職状況」、「新規大卒就職者の事業所規模
別離職状況」の「規模計列」の過去 12 年間のデータを抜粋して作成。

　次に、新規大卒就職者の事業所規模別離職
状況を見ていきたい。表 1-2-2a、1-2-2b、
1-2-2c は、事業所規模を 6 区分(5 人未満、5
〜29 人、30〜99 人、100〜499 人、500〜
999 人、1,000 人以上)に分け平成 21 年[2009
年]3 月卒から令和 3 年[2021 年]3 月卒まで
の新卒後 1 年目まで、2 年目まで(累積 2 年
間)、3 年目まで(累積 3 年間)の離職率[3]を各々

示している。これらの表に記載している対象
期間の 13 年間を通じて注目して欲しいこと
は、次の 3 点である。
　対象期間の 13 年間を経ても、
　(1)事業所規模が小規模から大規模にな
るに従って、離職率が小さくなる。

[3] 新規大卒就職者のうち、令和 2 年[2020 年]3 月卒につ
いては、2 年目まで、令和 3 年[2021 年]3 月卒について

は、1 年目までとする。理由は、前述したとおり、令和
5 年[2023 年]4 月時点で、就職して 3 年目が終わるまで
の 3 年間(以後、3 年目までと呼称)に最初の仕事先を離
職する新規大卒のデータが公開されているのは平成
31 年[2019 年]3 月卒の者までだからである。

(2)30 人未満(5 人未満、5〜29 人)の事業所規模では 1 年目から離職率が 20%以上であり、5 人　未満の事業所規模に至っては平成 27 年 3 月卒、令和 2 年 3 月卒、令和 3 年 3 月卒を除いて 30%前後かそれ以上である。新規大卒就職者が就職して 3 年後には、前者の事業所規模では 50%前後、後者の事業規模では 50%半ばから 60%に至った。

(3)1,000 人以上の大規模事業所では、1 年目は 7%から 8%台と低く、3 年目までであっても平成 29 年[2017 年]3 月卒を除き、20%台前半から 25%程度である。

　これら 3 点を合わせて見ていこう。この平成 21 年[2009 年]3 月卒から令和 3 年[2021年]3 月卒までの 13 年間に渡って「5 人未満＞5〜29 人＞30〜99 人＞100〜499 人＞500〜999 人＞1,000 人以上」と規模が大きくなるほどに離職率が低くなる傾向がある。まずは小規模事業所における離職率を見ていこう。「事業所規模が小さいとアットホームである」、「小規模な企業だと様々なことにチャレンジできる」、という趣旨の言葉を耳にすることがある。データによる結果ではなく、また、労働環境は各々の企業で異なるとともに個人で捉え方が異なるものでもあるので、一概に事業所規模が小さいイコール濃密な人間関係によって「望む仕事ができる可能性が高い」あるいは「かゆいところに届く」就労環境を手にいれることができる、というわけではない。少なくともこのデータを見る限りにおいては、事業所規模が小さい、特に 30 人未満(5 人未満、5〜29 人)の事業所では、

過去 13 年に渡って新規大卒就職者が 3 年目までに 5 人未満の事業所では 50%半ばから 60%が離職に至る。5 人未満の事業所ではこのように新規大卒就職者の半数近くが長く勤めることができない、ということが毎年の新規大卒就職者に生じている。理由が事業所側の何かしらにあるのか、新規大卒就職者のモチベーションにあるのか、その両方なのか、ケースによって理由が様々なのか、データからはわからない。しかし、少なくとも、多くの新規大卒就職者が 3 年以内に辞めている事実は受け止めるべきではないだろうか。30人未満の事業所を選ぶ場合には、こういう傾向を踏まえた上で人間関係をも含めた個別の事業所の就労環境を就職活動の際にしっかりと把握しておくことを提案したい。

　一方、過去 13 年間に渡り、1,000 人規模の事業所では 3 年目までの離職者は平成 29年[2017 年]3 月卒を除き 20%台前半から 25%程度であり、30 人未満の事業所とは大きなギャップが存在することも見逃せない。なお、初年度で 30%程度の離職率を有する 5人未満の事業所と比べて 1,000 人を超える事業所ではわずか 7%から 8%の離職率である。このように離職率が低い理由は 3 つの表(表 1-2-2a、表 1-2-2b、表 1-2-2c)のデータだけではわからない。推測できることは、大規模事業所では、新規大卒就職者が長く勤められる就労環境が整っているのであろうということである。

表 1-2-2a：新規大学卒業就職者の事業所規模別離職状況

[1 年目までの離職率]（平成 21 年 3 月卒〜令和 3 年 3 月卒）　　　（単位：%）

	規模計	5 人未満	5〜29 人	30〜99 人	100〜499 人	500〜999 人	1,000 人以上
平成 21 年[2009 年]3 月卒	11.4	31.1	22.4	16.0	11.7	9.5	7.4
平成 22 年[2010 年]3 月卒	13.4	36.2	25.5	17.3	13.2	11.2	7.8
平成 23 年[2011 年]3 月卒	14.3	36.1	27.0	18.6	13.8	11.3	8.4
平成 24 年[2012 年]3 月卒	13.0	32.8	25.0	16.6	12.5	11.2	7.4
平成 25 年[2013 年]3 月卒	12.7	32.4	24.2	16.2	12.3	11.1	7.8
平成 26 年[2014 年]3 月卒	12.2	31.3	23.1	15.8	12.1	10.3	7.5
平成 27 年[2015 年]3 月卒	11.8	28.9	22.3	15.8	11.8	10.2	7.3
平成 28 年[2016 年]3 月卒	11.3	30.3	22.0	15.5	11.5	9.5	7.1
平成 29 年[2017 年]3 月卒	11.5	27.9	22.5	15.5	11.4	9.5	7.8
平成 30 年[2018 年]3 月卒	11.6	30.4	23.4	16.1	11.7	9.5	7.9
平成 31 年[2019 年]3 月卒	11.7	30.9	23.1	16.2	11.9	9.9	7.9
令和 2 年[2020 年]3 月卒	10.6	26.0	21.5	14.8	10.9	8.9	7.2
令和 3 年[2021 年]3 月卒	12.2	29.9	23.6	16.5	12.3	10.6	8.3

（出所）厚生労働省ウェブページ「新卒者の離職状況」より、表「新規大卒就職者の事業所規模別離職状況」のデータ
　　　を抜粋して作成。

表 1-2-2b：新規大学卒業就職者の事業所規模別離職状況

[2 年目までの離職率]（平成 21 年 3 月卒〜令和 2 年 3 月卒）　　　（単位：%）

	規模計	5 人未満	5〜29 人	30〜99 人	100〜499 人	500〜999 人	1,000 人以上
平成 21 年[2009 年]3 月卒	21.1	48.6	38.5	28.5	21.8	18.7	14.4
平成 22 年[2010 年]3 月卒	23.3	52.0	40.2	29.2	23.0	20.6	15.3
平成 23 年[2011 年]3 月卒	23.5	50.1	40.3	29.3	23.0	19.9	15.5
平成 24 年[2012 年]3 月卒	23.3	49.1	40.1	28.3	23.0	21.1	15.3
平成 25 年[2013 年]3 月卒	22.8	48.2	38.7	28.0	22.5	20.5	15.8
平成 26 年[2014 年]3 月卒	22.8	48.1	38.6	28.1	22.5	20.5	16.0
平成 27 年[2015 年]3 月卒	22.3	45.5	37.5	27.9	22.2	20.3	15.9
平成 28 年[2016 年]3 月卒	21.9	46.2	37.5	27.9	21.9	19.7	16.1
平成 29 年[2017 年]3 月卒	22.9	45.6	38.8	28.6	22.8	20.3	17.5
平成 30 年[2018 年]3 月卒	22.8	47.3	39.2	29.2	23.2	20.5	17.2
平成 31 年[2019 年]3 月卒	21.5	45.7	36.8	27.8	21.7	19.6	16.2
令和 2 年[2020 年]3 月卒	21.8	42.1	37.0	28.8	22.1	20.2	16.7

（出所）厚生労働省　ウェブページ「新卒者の離職状況」より、表「新規大卒就職者の事業所規模別離職状況」のデー
　　　タを抜粋して作成。

表 1-2-2c：新規大学卒業就職者の事業所規模別離職状況

[3 年目までの離職率] (平成 21 年 3 月卒〜平成 31 年 3 月卒)　　　(単位：%)

	規模計	5人未満	5〜29人	30〜99人	100〜499人	500〜999人	1,000人以上
平成 21 年[2009 年]3 月卒	28.8	59.2	49.8	37.9	30.1	26.3	20.5
平成 22 年[2010 年]3 月卒	31.0	61.1	50.3	38.3	31.0	28.2	21.7
平成 23 年[2011 年]3 月卒	32.4	60.4	51.4	39.6	32.1	28.7	22.8
平成 24 年[2012 年]3 月卒	32.3	59.6	51.5	39.0	32.2	29.3	22.8
平成 25 年[2013 年]3 月卒	31.9	59.0	49.9	38.6	31.9	29.2	23.6
平成 26 年[2014 年]3 月卒	32.2	59.1	50.2	38.8	31.9	29.8	24.3
平成 27 年[2015 年]3 月卒	31.8	57.0	49.3	39.0	31.9	29.6	24.2
平成 28 年[2016 年]3 月卒	32.0	57.7	49.7	39.3	32.2	29.6	25.0
平成 29 年[2017 年]3 月卒	32.8	56.1	51.1	40.1	33.0	29.9	26.5
平成 30 年[2018 年]3 月卒	31.2	56.3	49.4	39.1	31.8	28.9	24.7
平成 31 年[2019 年]3 月卒	31.5	55.9	48.8	39.4	31.8	29.6	25.3

(出所) 厚生労働省　ウェブページ「新卒者の離職状況」より、表「新規大卒就職者の事業所規模別離職状況」のデータを抜粋して作成。

　産業別新規大卒業就職者の 3 年目までの離職状況を見ていくと、離職率には産業によって大きなばらつきがあることがわかる。表 1-2-3 は、厚生労働省ウェブページ「新卒者の離職状況」掲載の表「新規大学卒業就職者の産業別離職状況」を利用して、平成 27 年[2015 年]3 月卒〜平成 31 年[2019 年]3 月卒までの各産業の離職率を計算して掲載したものである。宿泊業、飲食サービス業は常に 50%前後と非常に高く、一方で、電気・ガス・熱供給・水道業では主として 10%から 11%を推移している。新規大学卒業就職者全体の 3 年目までの離職率の平均が 3 割強であることを考えると、これらの産業は平均から大きく乖離していることがわかる。離職率が高い理由は表からは判断できないが、産業別に大きな違いが見られることがあるため、産業の

特徴(例えば、顧客のニーズに応えるための就労環境)にその原因が内包されていることが考えられよう。

表 1-2-3：新規大学卒業就職者の産業別離職状況(一部産業のみ。
3 年目までの合計)[平成 27 年 3 月卒〜平成 31 年 3 月卒][注]　　(単位：%)

	平成 27 年 [2015 年]	平成 28 年 [2016 年]	平成 29 年 [2017 年]	平成 30 年 [2018 年]	平成 31 年 [2019 年]
建設業	28.9	27.8	29.5	28.0	28.6
製造業全体	19.5	19.6	20.4	19.0	18.5
(一部のみ掲載)　食料品製造業	31.6	32.0	32.6	29.3	28.4
繊維工業	36.9	37.9	34.9	33.6	31.5
化学工業、石油製品・石炭製品製造業	13.3	14.6	15.6	14.2	14.6
機械関係	14.4	14.8	15.4	14.7	14.6
電気・ガス・熱供給・水道業	10.8	9.2	11.4	11.1	10.6
情報通信業	28.0	28.8	29.4	27.4	27.8
運輸業・郵便業	25.6	24.7	25.6	25.0	25.5
卸売業	29.5	29.2	30.4	27.7	28.0
小売業	37.7	37.4	39.3	37.4	36.1
金融・保険業	21.7	23.0	24.8	24.2	25.1
宿泊業、飲食サービス業	49.7	50.4	52.6	51.5	49.7
医療、福祉	37.8	39.0	38.4	38.6	38.6

(注)3 年目までの離職者数÷就職者数で出した値のうち、小数点第四位)を四捨五入して算出。

(出所)厚生労働省 ウェブページ「新卒者の離職状況」より、表「新規大学卒業就職者の産業別離職状況」のデータを計算して作成。

引用文献一覧

厚生労働省 ウェブページ「新卒者の離職状況」、https://www.mhlw.go.jp/stf/seisakunitsuite/ bunya/0000137940.html、(2023 年 4 月 15 日閲覧)。

総務省統計局(2023) ウェブページ「労働力調査（基本集計）2023 年（令和 5 年）5 月分結果」内掲載、Excel ファイル「完全失業率（季節調整値）等の長期時系列データ － 1953 年〜」(Excel ファイル名：It01-a10)、https://www.stat.go.jp/data/roudou/sokuhou/tsuki/ (2023 年 7 月 30 日)。

厚生労働省職業安定局雇用政策課(2023) ウェブページ「政府統計の総合窓口(e-Stat)」内の「一般職業紹介状況（職業安定業務統計）」における「長期時系列表 3」の Excel ファイル「有効求人倍率（実数、季節調整値）」(Excel ファイル名：第 3 表)(調査年月 2023 年 5 月、公開日 2023 年 06 月 30 日)、https://www.e-stat.go.jp/stat-search/files?page=1&layout=datalist&toukei=00450222&tstat=000001020327&cycle=1&tclass1=000001206280&tclass2val=0、(2023 年 7 月 30 日)。

文部科学省中央教育審議会「今後の学校におけるキャリア教育・職業教育の在り方について」（答申　平成23年1月31日）、pp.1-100。

第２章

大学教育を通じたキャリアデザイン

　第１章から第３章に渡り、キャリアデザインの土台を築くためにキャリアの基礎的な知識と考え方を身につけることを目的としており、本章はその２つ目の章(第２章)に該当する。キャリアに関する能力・知識・スキルについては、大学教育においてはキャリア教育科目以外の他科目でも「あなたの意識付けと気づき次第で見いだすことができるもの」であることを意識してもらう。如何なる科目もしっかりと学んでほしい。

１．大学教育を通じたキャリアデザイン

　皆さんは、大学で学び始めてから果たしてどの程度の年月が経ったのであろうか。本書の対象者は、大学１年次後期から２年次後期に位置する学生、そして就職の準備に躊躇している３年次前期の学生である。１年次後期の学生は、大学生活に慣れてキャリアについて余裕を持って考えることができる時期である。２年次前期・後期の学生は、２年次・３年次の夏に始まるインターンシップを意識してキャリアをデザインする時期である。また、就職の準備に躊躇している３年次前期の学生もキャリア教育の振り返りとして本書を利用してほしい。

　本書の読者対象となる大学１年時後期から３年次前期に位置する学生の皆さんに問いたいことがある。皆さんは、キャリアについて大学教育の中で考える機会はキャリア教育科目のみである、と考えてはいないだろうか。それは違う。大学教育では、次の２の点からキャリア教育をも含め、提供される科目においてキャリアに関する能力・知識・知識を培う機会が提供されている。２点とは、1) 皆さんの所属する学部・学科・専攻のディプロマ・ポリシー(卒業認定・学位授与の方針)によって、学問の専門性とともに社会に活かすことができる能力・知識・スキルなどを修得して活かせる人材が育成されること、2) キャリア教育科目以外の様々な科目でもあなたの意識付けや気づき次第でキャリアに関する能力・知識・スキルを学ぶことができること、である。これらのことに気づかない学生がいるのであれば、その問題は学ぶ機会があっても他科目が持つ専門性を注視し、キャリアに関する能力・知識・スキルを得られることを意識しないことにある。

　第一に、皆さんの所属する学部・学科・専攻のディプロマ・ポリシー(卒業認定・学位授与の方針)では、卒業認定・学位授与を受ける学生は、学業を通じて所属学部・学科・専攻が設定した人材である、だから卒業認定・学位授与を受ける、という所属学部・学

科・専攻が育成する人材についての記載がある。実際にディプロマ・ポリシーを確認してもらうと分かるように、科目履修を通じて学問の専門性のみならず、社会に活かすことができる能力・知識・スキルなどを修得し、そ れらを実際に活かせる人材になる旨の言葉が記載されているであろう。実際にディプロマ・ポリシーをワーク1の回答欄に書いてしっかりと理解しよう。

ワーク1

所属する学部・学科のディプロマ・ポリシーを次の回答欄に記載せよ。

学部・学科・専攻名	ディプロマ・ポリシー

　第二に、ディプロマポリシーにおける言及に触れずとも、実際にはあなたが常日頃からキャリアデザインを意識しているのであれば、キャリア教育科目以外の様々な科目でもキャリアに関する能力・知識・スキルを学ぶことができることに気づくだろう。しかしな がら、皆さんは、これら能力・知識・スキルへの修得姿勢が科目によって意識的、あるいは無意識的となることから、学生によっては学習の機会を逸していると考えることができよう(表2-1-1参照)。

表2-1-1：大学教育における就職活動/社会人で

活かせる能力/知識/スキルの修得機会

科目区分	能力/知識/スキルへの修得姿勢
キャリア教育科目	意識
他の科目(上記以外の共通科目・専門科目)	無意識 or 意識

(出所) 筆者作成

　キャリアを考える機会を提供する科目は、当然ながら 1) キャリア教育科目、であるが、あなたのキャリアに対する意識付けやそれによってもたらされる気づき次第で 2) その 他全ての科目、つまりは大学の履修科目全て、となる。履修科目の「内容全て」が将来を考える材料にそのまま活かせるわけではないが、「知識や物事の考え方の一部」などは間

接的あるいは就職活動や社会で生きていく時に応用して活かすことができる。例えば、能力・知識・スキルを活かすための原動力となる課題(問題)解決力と課題(問題)発見力は、様々な科目を通じて培われる。また、自身の知識や課題解決力を表すプレゼンテーションやレポート課題などを通じたコミュニケーション・スキルの醸成・洗練も授業を通じて可能である。他の科目(共通教育科目・専門科目)においてもそのような能力・知識・スキルは十分に学ぶことができる。正しい日本語の使い方、コミュニケーション・スキル、人間関係などは、例えば、社会科学諸科目ではない文学部においても、文学作品を取り扱う科目や文化、コミュニケーションを取り扱う科目において十分に学ぶことができる。また、人前で話をすることやプレゼンテーションスキルなどを活かす機会については、今やどの学問を扱う学部・学科においてもゼミナール科目などで就職活動や卒業までに何度も経験する。そして、皆さんが様々な科目で科されるレポート作成の機会も短い時間に文献などを得て的確に字数内で自身の意見を述べることを確かにする訓練ともなるものである。

また、学生の皆さんは、大学では自分が専門とする分野の勉強以外にも社会で力強く生きていくための基礎力や応用力を「新たに培わねばならない」と考え、大変に思ってはいないだろうか。人生の各ライフステージで力強く生きていくための「社会人基礎力」(詳しくは第4章第4節参照)を核として学生時代にキャリアを考える教育が拡まっており、本書でもキャリアデザインの一部として同基礎力についても培う。この「社会人基礎力」は、その一部ではあっても、大学生に至るまでの人生における経験などで培っている。社会人基礎力とは、3つの力[考え抜く力、チームで働く力、前に踏み出す力(アクション)]で構成され、更にそれらを構成する12の要素(課題発見力、計画力、創造力、発信力、傾聴力、柔軟性、情況把握力、規律性、ストレスコントロール力、主体性、働きかけ力、実行力)(経済産業省 説明資料)によって成り立っている。これら諸力全てを統合してキャリアや他に活かそうと意識した人は少ないであろうが、12の要素の一部の統合、あるいは一つ一つの要素については皆さんが今までの人生の中で意識して培ったり活かしたりしたことがあるだろう。

キャリアを築くための糧となる知識・能力・スキルはキャリア科目以外であっても「あなたのキャリアに対する意識付けとそれによってもたらされる気づき次第で見いだすことができるもの」である。そもそも、『単位取得のために科目を履修した』、『5分間のプレゼンテーションを課された。どうにか話をして5分間経つのを待とう』などという姿勢では折角の知識/スキルを効果的に学ぶ機会を逸してしまうのではなかろうか。『プレゼンテーションやレポートを課されたから、とりあえずはどうにか終わらせよう』、という「やらされている」姿勢では、取り組みや課題は、受け身で取り組む「作業」となってしまう。また、あなたが『この科目からはキャリアに活かせるものは何も得られない、何も活かせない』と決めつけた場合にはキャリアに関する学習効果が抑制される。その結果として当該科目の学習には問題はないが、キャリアに関する能力・知識・ス

キルを効果的に得たり、培うことができないだろう。間接的あるいは就職活動時に応用できるものであると意識付けをしてこそ、就職活動や社会人になった時に積極的に用いようと心がけることができるのではないだろうか。学年を積み重ね、多くの科目履修を経て、他の科目でもキャリアの能力・知識・スキルを意識し、それらを応用して就職活動へと活かしていくことが必要である。あなたが得たものは何であったのか、それを何に活かすのか、明確にしないと意識付けが困難となり、活かし方に影響を与えることになる(各自、ワーク2で言及すること)。

ワーク2

あなたの履修科目を3科目取り上げ、その科目で得られる能力/知識/スキルについて記述せよ。また、履修科目の積み重ねの結果、得られた応用力について、特定の科目において活かしている場合には、応用力についても触れること。

科目名	得られる能力/知識/スキル[注]
	能力： 知識： スキル： 応用力：
	能力： 知識： スキル： 応用力：
	能力： 知識： スキル： 応用力：

(注) 必ずしも1科目で能力/知識/スキルの全てが得られたり応用がなされているわけではないと考えられるため、得られたもののみ記載すること。特に、応用力については、応用した場合のみ記載してほしい。

引用文献一覧

経済産業省　ウェブページ「社会人基礎力」内の「フリー素材」におけるPowerPointファイル『「人生100年時代の社会人基礎力」説明資料』(PowerPointファイル名：kisoryoku_PR)、https://www.meti.go.jp/policy/kisoryoku/ (2023年1月7日閲覧)。※発行期日の記載なし。

第3章

社会人になるための心構え

　第1章、第2章、第3章(本章)と、キャリアに関する知識と考え方について言及してきた。本章では、社会に出て企業に勤めて以降、皆さんが取るべき姿勢(仕事に対する姿勢、組織人・社会人としての姿勢)について学ぶ。このことで、学生時代からそれらの姿勢を理解し、準備しながら就職活動に活かしていこう。第1節では、入社後に会社の一員として会社組織に受け入れられるためには、仕事に対する姿勢に気をつけるべきであることを、「組織社会化」の視点から学ぶ。第2節では、組織人・社会人として組織のルールのみならず社会のルールをも遵守することの重要さを、各種事例と解説を交えて学ぶ。

1. 仕事に対する姿勢

　「入社した＝組織の一員となった」わけではない。つまり、組織の新規参入者たる新入社員も自ら組織に溶け込むとともに仕事への取り組みを認められるよう努力する必要がある。大学卒業後、第一志望の企業や当初志望していた企業のいずれかに入社できたかどうかはさておき、新卒で1年目の社員として入社した企業で自分自身の仕事ぶりを想像してほしい。あなたは担当部署で戦力として受け入れられるために積極的に仕事を覚えていくことだろう。配属部署において役割に適応し、「○○さんは、当部署でどの点から貢献できる、なんの点で経験もあることから即戦力として使えそうである」、と職場で良い評価を得、戦力として認められるポジションを得てこそ組織の一員として認められるのである。同じ社員であり、同じ部署の同僚であっても「戦力外」と見做された場合に

は、一人前として認められていないことになる。そのままの状況で2年、3年と長期に渡って過ごしていくのであれば、所属部署の同僚は「部署に負担をかける人物」としてや担当した仕事の出来を信用せず、あなたの意見やあなた自身を軽んじることは想像にできるであろう。他部署へと移動の際にはその評価を主たる理由として配属先が決められる。

　部署の同僚らによるこのような姿勢は、あなたを部署という名の「チーム」の一員と見做していないことを示している。また、あなた自身も戦力として頼りにされないことや発言力が弱いということを実感することになるだろう。新卒者であろうとベテラン社員であろうと新たに所属部署に新たに配属されたら戦力になる人物であることをいずれはアピールしなくてはならず、また、間違っても「お荷物」と認識されないように立ち回ろうとするであろう。会社・仕事はその人が

いなくても動いている。仕事を通じて組織に貢献できるかアピールする必要がある。

こういったことに陥らないために、本書では、仕事への積極な姿勢を通じて組織に溶け込むこと、具体的には1）積極的に仕事に励み、そのことで組織に溶け込む努力をする、といった仕事への姿勢を保持し続けること、そして、2）組織社会化を通じて積極的に組織の一員となること、を提案したい。

一点目「積極的に仕事に励み、そのことで組織に溶け込む努力をする、といった仕事への姿勢を保持し続けること」については、会社組織とそこでの分業への理解から説明したい。会社という経営組織は、「二人以上の人々による意識的に調整された活動や諸力の体系(Bernard 1938年、73頁［訳76頁］)」である。あなたが持つ役割や仕事へのモチベーションに関係なく、協業が行われるとともに組織は定められたスケジュールの中で製品やサービスを生産している。組織全体や担当部署では、仕事が共通の言語であり、分担された仕事が集まって統合されたものが製品やサービスとして顧客に提供される。このため、確実に与えられた役割を担い、仕事に従事していくことは基本的なことである。仕事で戦力とならない場合には、それなりの職能しか持ち合わせない人物とみなされるのである。実際に、研修の機会の有無や職能等級など、制度によってあなたの能力は可視化されている。配属部署で仕事ができないと評価された場合、制度によってもあなたの能力が評価され、その制度による評価がまた部署での評価につながるであろう。

また、仕事に対する消極的な姿勢は、ビジネスの世界で次から次へと生じる仕事に対して対応するために新たな知識を身につけるなど、積極的な姿勢が必要な事態に対応できないことが考えられる。また、消極的な姿勢は担当部署における士気に影響する。担当部署においてともに働いていく同僚として、そして戦力として認められていくには、積極的に仕事に関する知識やスキルを吸収し、チームの士気を高め、チームの一員として自分に与えられた役割や仕事を滞りなく務めることが重要である。仮にあなたの配属先があなたの選好とマッチングしていないとしても、大きく譲歩して組織の一員として積極的に仕事をしていくことが望まれる。

二点目「2)組織社会化を通じて積極的に組織の一員となること」について、論じていきたい。組織社会化とは、「組織への新規メンバーが組織構成員となるために必要な社会的な知識や技能を得、組織に適応して成員となっていくプロセス」(Van Maanen and Schein, 1979, p. 211)のことである。知識とは、言うなれば、規範・価値観・行動様式などであり、技能とは職務のスキルを指す。組織社会化は、新入社員から企業に、または企業から新規参入者に、と双方ともに、他方へと働きかけている。

新入社員からの組織社会化を、新入社員の状況からこれを説明していこう。入社前は、日常生活では敬語を使う機会は限られていたが、入社後は敬語を使うようになる。仕事場において、上司や先輩の仕事を見ながら効率よく仕事ができるよう真似る。このように、所属する会社組織の一員に理想の姿を追い求めてそのように振る舞う。これは、まさに組織社会化の1ケースである。

会社からの組織社会化は、職場での上司や

先輩による新人指導などのOJT(On-the-Job Training)、新人研修に代表される Off-JT(Off-the Job Training)やメンター制度などを通じて新入社員に組織の一員ということを認識させて仕事に従事させることで生産性向上を図るためである。他の社員と協力して効率よく仕事に取り組むには、組織の一員と認識して働いてもらう必要があるからである。基本的には会社は分業して仕事に取り組んでいるからである(専門職などの例外はある)。自社の人材を育てるためにも自身の役割を強く認識させ、自社、市場、産業で仕事をしていく上で関連する知識(例えば商慣習)や技能(例えば firm specific skills)を向上させることは重要なことである。

組織社会化の点からも、企業からだけではなく社員皆さんからも行うことが期待されるのである。

<u>Point：組織社会化の過程</u>

新人社員に対する取り組み：
　敬語の使用、上司や先輩の仕事を見ながら学び、
　真似るなど
会社による取り組み：OJT(職場での上司や先輩による新入社員への指導)、　Off-JT（新入社員研修)、　メンター制度

２．組織人・社会人としての姿勢

第 1 節において仕事に対する姿勢を組織社会化の視点をも含めて学んだ。皆さんが組織の一員として受け入れられるには、組織に適応するための行動を取る必要がある。組織に適応していくプロセスの中で就業規則や社会のルールなど遵守すべきルールがある。それらルールを遵守することによって会社の同僚や先輩から信頼を得ることができる。学生である皆さんは、就業規範や社会のルールなどという言葉を耳にすると、どこか遠い国の話のように感じるかもしれないが、同様の話として、「SNS 上での炎上」がある。SNS(Social Networks)での炎上などでは、不注意による行動によって一瞬にして当事者の人生を棒に振ってしまうことがある。不注意な行動で外部に業務上知り得た情報を漏洩させてしまったとする(情報漏洩)。それらの情報の多くは守秘義務を課されており、

あなたの行為によって許可なく外部に知らせることとなる。情報漏洩の当事者となった場合、いかなる理由やいかなる姿勢によってもたらされたものであろうとあなたの身に降りかかる結末が想像できよう。また、あなたがとった行動は、ルールの遵守だけではなく、道徳的に理に適う必要がある。例えば、SNS の炎上などは、法を遵守しつつも炎上したケースが見られる。悪意がない SNS 上でのコメントであっても人格に関わることであったために当事者や第三者から悪意あるコメントとして捉えられて炎上するケースなどがこれに該当する。このため、会社の規定どおりに行動したとしても時には道徳的観念からも正しい意思決定が必要である。

続く 2 つの項では、社会人として遵守すべきこととして法律、就業規則、道徳原理などに沿った行動を取り上げて学ぶことにする。

（1）ケース1

本項では、仕事における就業規則と法律の遵守について、分かりやすく簡単なケースを複数取り上げて見ていく。

例

①「営業活動による他企業訪問のため、自社からバスと電車を乗り継いで移動する予定であった。しかし、バス停にてバスの到着時間が遅いことがわかった。このため、電車の駅までは歩いていける距離と判断して駅まで歩き、乗り物は電車のみを使用した。後日の経費精算にて、バス料金も含めた金額を交通費として会社に請求した。」

解説：当ケースは交通費の不正に当てはまる。交通費は実費精算となるのでバス料金を請求すべきでない。業務上横領罪(刑法253条)が適用でき、10年以下の懲役刑が課される。

②「会社の経費で購入したボールペン1本を、私用のため家に持ち帰って使用した。会社の印刷室にあったコピー用紙1枚を、仕事ではなく私用で使用した。また、会社で貸与されているコンピュータから、仕事とは全く関係ないウェブサイトを見た。」

解説：業務上横領罪の適用ケースとなる可能性がある。ボールペン1本でも会社が購入した資産である。それを許可なく私物化して良いという考え方は通用しない。また、私的な目的によるコピー用紙の使用やウェブサイトの閲覧も、会社の費用負担であるために同様の結果をもたらす。これらの行動を含め、社員の行動を一つ一つ確認する企業は少ないであろう。しかし、度々あなたが備品の横領や私用によるウェブサイトの閲覧を行っていると分かれば、会社はあなたのことをどのように考えるのかが想像がつくであろう。

上記2ケース(実態とは異なる経費申請や備品・消耗品の私物化)は、所属機関から見ると犯罪行為のみならず服務規律違反に該当する。企業では社員に就業規則を通じて服務規律の遵守を課している。また、企業は賃金の対価として労働力を得ており、それがために、服務規律では勤務時間には職務専念の義務を謳っている。ケース②のネット閲覧のように勤務時間にとった業務以外の行為は職務専念義務違反で懲戒処分の可能性もあ

る。仕事中の私用電話、株取引、長時間の離席なども該当する行為である。

会社毎に社内規定や法令遵守の考え方が存在する。大学卒業後に企業に勤める場合は、社内規定に目を通し、そして関連法令の遵守に対する所属企業の考え方を把握しよう。加えて、仕事におけるあなたの行動は、社内規定、法令遵守はもちろんのこと、道徳原理に基づくかを確認しよう。次に、法令遵守とその理由をワーク1で整理をしよう。

法を遵守する理由をあなた自身の言葉で200字〜300字でまとめよ。

法令遵守については、法を犯した場合にはその対象者によって各々の責任が異なる。第1節で登場した「上司」、「先輩」、「同僚」を例にすると、それぞれ異なる権限と責務が与えられているからである。

また、組織内の小さなルールであっても違反を繰り返すと、それらが累積してあなたの評判となるとともに、違反が発覚した時点でそれら一つ一つが精査されるとともに累積した上であなたの処分を課すことも有り得る。このため、小さなルール違反の繰り返し

が大事となるケースが多々ある。常日頃の行動に気をつけてほしい。

ワーク2では、仕事において、法令、服務規律、道徳や倫理など各種「ルール」を遵守する理由を明らかにするためのディスカッションを隣席の学生と実施してもらう。具体的に皆さんが志望する企業での仕事によって想定できるルールとその遵守に触れながら回答しよう。

ワーク2

会社に存在するルールのディスカッション（同ルールをインターネットで調べること）

項目1　会社で実際にあるルールを調べて3つ記入すること。

例) 会社の規定では朝8：30分に就業が始まる。

例) 自宅から会社までの交通費は全額支給するが人事部に届けなければならない。

【1つ】	
【2つ】	
【3つ】	

項目2　上記の3つのルールがなぜ存在するのかを考えてみよう。

【1つめの理由】
【2つ目の理由】
【3つ目の理由】

　項目1と2を回答した学生は隣の学生と意見交換をしよう。次に記入例とその解説を記す。

例

---

① 　会社の規定では朝8：30に就業が始まる。

解説：会社の就業規則は、会社ごとに異なる。8：30の始業時間であれば、8：30には席について仕事を開始できるように準備をしなければならない。始業開始に間に合わなければ、その前に上司に対して「如何なる理由で遅れ、何時頃会社に到着するのか」を連絡しなければならない。遅刻した分は当然給料から引かれる。

　但し、就業規則については、10人未満の会社では作成義務がないので就業規則自体がない会社が存在する。

　道徳的背景を考えると、企業を成長させるためには、労働者が安心して働ける職場を作ることは事業規模や業種を問わず全ての会社にとって重要なことである。そのため、予め就業規則で労働者の労働条件や待遇の基準をはっきりと定め、労使間でのトラブル発生を予防することが大切だと考える。しかし、会社の規模や、経営状態によってそれらルールが異なる。よって、それぞれの会社に合った就業規則の作成となる。

---

②自宅から会社までの交通費は全額支給するが人事部に届けなければならない。

解説：通勤途中に事故に遭った場合、労災認定の条件が次のように定められている。通勤災害で労災保険にその補償を請求するには、その交通事故が通勤途中で発生したことが条件である。その根拠は、労働者災害補償保険法第7条2項に規定している。通勤とは、労働者が就業に関して次の3つの移動を合理的な経路及び方法で行うことである。住居と就業場所との往復、就業場所から他の就業場所への移動、家族の住む住居と単身赴任先間の移動である。通勤災害として認定されるためには、通勤中の被災を証明する必要がある。本来使用している会社までの経路が会社に届けた経路と異なると、当然に労災認定はされない。また、その過程で通勤経路とは違うことが会社に知れることとなり、本来の交通費との間に差額が生じるようなことがあれば、業務上横領となり懲戒免職となる可能性がある。

（2）ケース2

　SNS の使用は、誰でも簡単に利用できる身近な存在になった。その一方で、SNS はその使用次第では、勤務時間外での使用であっても所属企業から処分される。SNS における「炎上」が、その代表的なケースの一つである。「SNS炎上」の件数が年々増加傾向にある。「炎上」した会社は当然何らかの被害が生じる。企業が巻き込まれた「炎上」ケースでは就業規則が関係することが多い。このため、同規則への理解を深めたい。

　就業規則とは、雇用する労働者(本書では従業員と同義語として扱う)に労働条件を提示したルールである。従業員による就業規則の遵守のケースでは主に、同規則の構成要素の１つである服務規律の遵守を指す。服務規律の内容は会社によって異なるが、共通する項目が存在する。例えば、上述した就業時間や交通費に関する規則などがそれである。

　SNS は、あなたの使用次第で所属する会社の就業規則に抵触するケースがある。あなたが SNS 上の投稿によって「炎上」させたとしよう。その投稿内容が意図的に特定人物や団体を誹謗中傷するものではなかったとする。しかしながら、それを閲覧した当該人物や団体、あるいは全く関係のない第三者があなたの投稿を誹謗中傷の類であると評価すれば、投稿内容によって名誉棄損罪、侮辱罪、業務妨害罪、脅迫罪、殺人ほう助罪、自殺ほう助罪など「該当する」法律が適用される可能性がある。勤務時間外での私的な行為ではあるが、会社の一員として不相応な行動であり、会社の名誉や信頼・信用を傷つける行為をとったとみなされる。総じて会社の一員としては不相応として会社からの処分をもたらす。

　誹謗中傷と捉えられるケース以外での勤務時間外での SNS 利用による所属企業からの名誉毀損、信用失墜を理由とした処分のケースは、プライバシーの侵害、肖像権侵害、音楽や動画などの著作権侵害などが挙げられよう。法律を犯す事なく SNS を利用していると思ってはいても、このようなことに抵触する行為に該当することがあるかもしれない。

　また、SNS のケースに限らず、勤務時間外でのインターネットの利用であなたの意思に関わらず会社に損害を与えるケースも存在する。例えば、ウイルス感染による顧客データ漏洩とそれに伴う個人情報の流出、である。

　このように、社会人としてルールを遵守しつつも問題が生ずることがある。社会人として自らが置かれた立場を理解し、自身が勤務時間外に使用する機器やネットなど私的な面でも十分な知識を持って生きていくことが重要である。

ワーク3

あなたがSNS使用によって炎上した場合に想定できること、それによって会社で起きること、これらを200字から300字でまとめよ。意見を記述し、隣の人と意見交換に取り組もう。

上述したように従業員による私的なSNSの利用であろうと近年のSNSの「炎上」が会社の業績などに影響を与え、従業員を処分するケースが見受けられる。このようなケースの法的背景を捉えていきたい。この法的根拠は、判例によると、信義誠実の原則(信義則)(民法1条2項「権利の行使及び義務の履行は、信義に従い誠実に行わなければならない。」)に基づいて会社の従業員に対する損害賠償責任を制限するのが通例である。信義誠実の原則とは、「権利の行使及び義務の履行をするのについて社会生活を営む以上に要求される規範」(『新法律学辞典(第三版)』、p.776)である。つまり、権利者と義務者は、相互に、一般に期待される信頼を裏切らないように誠実に行動すべきである、ということである。この信義誠実の法則に基づき、SNSの私的利用による従業員処分のケースを解説すると、会社が被った損害全額を支払う義務はない。その理由は次のとおりである。従業員がSNSによって、会社の秘密情報や顧客の情報を漏洩させたことは、会社との間では、労働契約上の義務に違反する。それによ

る会社に損害をあたえた場合は、契約違反として損害賠償責任を負う。ただし、従業員のミスは、雇用した会社の責任もあるとの解釈がされるため、従業員が会社に対し、損害賠償債務を負うことはない

社会人になるにあたってのルールを遵守することの重要性について述べてきた。一般的には、学生時代における過失やミスは、成人ではあるけれども社会に出る前に準備をする立場の者が起こしたこととして情状酌量される傾向がある。しかし、社会人になれば、会社における責任問題にまで発展する。し、その後のキャリアに悪影響を与えてしまう。今一度、法の遵守を考えてほしい。

また、会社には就業時間以外でも従業員に対して「勤務時間のみならず常に守らなければならない義務がある」という信用失墜行為の禁止(万引き、盗撮、飲酒運転など)というルールが存在する。以下、ワークを行い確認してみよう。

信用失墜行為に該当する行為とは如何なるものか。200 字から 300 字でまとめよ。回答後は、隣の人と意見交換をすること。

```
------------------------------------------------------------------
------------------------------------------------------------------
------------------------------------------------------------------
------------------------------------------------------------------
------------------------------------------------------------------
------------------------------------------------------------------
------------------------------------------------------------------
```

引用文献一覧

(英語文献)

Van Maanen, John. and Eastin H. Schein (1979), "Toward A Theory of Organizational Socialization," in Staw, B. M(eds.), Research In Organizational Behavior, JAI Press Inc. pp.209-264.

Bernard, Chester I. (1938) The Functions of the Executive, Harvard University Press. [邦訳：山本安次郎・田杉競・飯野春樹訳(1968)『新訳 経営者の役割』ダイヤモンド社。]

(辞典)

竹内昭夫、松尾浩也 塩野宏編集代表(1989)『新法律学辞典（第三版)』、有斐閣。

第4章

自分を顧みよう

本章、そして続く第 5 章では、キャリアを考えるにあたって自分の外部環境たる社会との関わりを含めて自分を顧みるきっかけを提供する。本章では自分を顧みることで「なりたい自分(理想とする自分)」を目標に掲げてその理想像に近づくための継続的な努力を促す。そして、自分自身を第三者に適切な言葉で不足なくに伝えることの必要性を理解してもらう。

1．自分を顧みよう

自分を顧みることの重要性を理解してほしい。そもそも、1) 皆さんは、自分のことについてどこまで理解をしているのであろうか。そして、2) そのことを適切な言葉を用いて第三者に不足なく伝えることができているであろうか。本節が伝えたいことは、この 2 つの文章が示すことは、自分を顧みながら「なりたい自分(理想像)」を目標に掲げてその理想像に近づくための努力を継続してほしい、そして、自分自身を第三者に適切な言葉で不足なくに伝えることの必要性を理解してほしい、ということである。筆者は、あなたがあなた自身の「良いこと」だけではなく「不都合なこと」についても積極的に思い出すように働きかけているわけではない。ただし、人間は他者と社会を構成している以上、その社会で生きる上で明らかに不都合なことがあればそれを拾い上げてどうしたら良いのか考える材料とすることは必要なことであろう。このような見解をもって、筆者は本章を進めていきたい。自分を顧みるにあ

たり、まずは自己評価の方法について話を進めていく。

自分が発した言葉、今までとった行動、積み上げてきた経験などから『自分はこういう人である』と判断するためには何らかの判断基準が必要である。しかしながら、どのような判断基準で自分という人物を捉えて良いのかわからない、と困惑する読者やそもそも判断基準を決めるための一歩を踏み出せない読者もいるであろう。キャリアデザインの基本に立ち返って考えてほしい。キャリアデザインのためには、なりたい自分(将来像)を設定し、それに近づくための努力をすることである。ここに自分を評価するための判断基準のヒントがある。なりたい自分(将来像)の特徴のそれぞれについて現在の状況を確認し、それに応じて具体的な取り組みを設定する。このことから、なりたい自分(将来像)の特徴を基準として、今の自分はどこまでその基準に近づいているのかによって自己評価が可能である、と本書は提案したい。この基準を利用して自己評価をし、現時点での自分

の特徴を捉えた上で、大学生活のうちに一歩一歩なりたい自分(理想像)に近づいていこう。

　自己評価方法についての話を終えたところで本論を進めていこう。本節第一文「1) 皆さんは、自分のことについてどこまで理解をしているのであろうか。」が求める「自分への理解」は、あなたが今までの人生で歩んできた軌道を振り返り、過去の取り組みとその折のあなたの内面を顧みることである。第三者の評価を参考にすると知らない自分の側面を気付かされることがある。その一方で、成長過程における心の不安定さ、自己認識の違い、その他その人を取り巻く環境に端を発する葛藤など様々な理由によって、第三者からの評価に抵抗を覚える、あるいは受け入れられないこともあるだろう。その抵抗や拒絶の原因はともかくも、第三者からの評価は、知らない自分の側面を気付かされるとともに、そのことで自分を客観的に見つめることや自分をより正確に捉える点で有用である。

　これらを踏まえ、なりたい自分(理想像)に到達するためには、その一歩目として、A)「第三者からの評価によって気付かされたことを受け入れること」、そしてB)「あなた自身についてあなたが他者よりも最もよく知っていること」、を理解しよう。

　第一点目「A) 第三者からの評価によって気付かされたことを受け入れること」の話として、人間は自分では気づかずに「他者によって発見され、気付かされる点(魅力や正すべきことなど)」がある。あなたの何らかの取り組みに対し、特定の第三者から繰り返し褒められたり不特定多数の第三者から褒められることで、そのことが自分の魅力の一つ

である可能性に気付かされた経験は一つや二つはあるだろう。また、第三者から魅力ではなくとも正すべきこととして忠告されたこともあるだろう。本書では魅力に絞って話を進めていく。例えば、『ピアノ演奏がとても上手ですね』と第三者が何度も褒めても当の本人は、演奏が上手なピアノ演奏者は世の中に数多く存在しており、演奏レベルも自分よりも上を見たらキリがない、と強く認識していれば、第三者の言葉は単にその場限りの褒め言葉に過ぎないと判断するであろう。第三者からの評価について、「自分の魅力や強みとして気付かされた」、「自信を持つことができた」などと判断できれば、あなたの魅力や特徴として心に織り込むことができる。一方、大したことではないと見做せば、「自信が持てない」、あるいは「煽られているだけだ」ということになるだろう。ただし、評価の高いコンテストで受賞するなどしたにも関わらず、「自分よりも優れた人はたくさんいるから、さほど喜んではいけない」とばかりに謙遜し過ぎてたり、「より高みに登るための過程で得た賞に過ぎない、自分の力はこんなものでは無い」と見做す強い向上心によって第三者による良い評価を自分が受け入れることを妨げることもあり得る。自分とは何かを理解することは、第三者が介在して評価を下しても自分の判断基準でもってそれを受け入れるか否かを判断するプロセスがある。その判断基準は感情や状況によって都度変わるものであり、一定したものを用いられているわけでもない。自身に目指すものがあれば、その目指すべき到達点「なりたい自分(将来像)」の特徴毎に今の自分はどこまで充しているのかで判断すべきである。そして、

第三者の評価を、自分への気づきのための材料として受け入れることが重要である。なお、他者からの自分の評価を参考にしたい場合には、より多くの他者から評価をもらうことで、あなたの知らない側面をしっかりと浮き出させよう。また、言葉や行動から第三者があなたの特徴を捉えることについては、意識せずになんとはなしにあなたが発した言葉や行動を第三者が捉えた場合、他者は、誤った認識によって評価をもたらす恐れがある。言行には注意をしてほしい。

　第二点目「B) あなた自身についてあなたが他者よりも最もよく知っていること」の話を述べていきたい。あなたが歩んできた人生については、あなたが最も理解している。あなたの人生における言葉、行動、経験などは、今の自分を構成してきた要素である、とあなたが認めることである。他者からの評価を気にして今まで積み重ねてきたものを重要視しないことはあなたを正しく捉えていると言えるであろうか。また、あなたが「重要ではない」、「自分の一部ではない」、と考えることが実はあなたの魅力である可能性もある。正しく自分を把握しないことで将来への可能性や様々な機会を失うこともあるだろう。自分の歩みをしっかりと把握し、今まで培ったことについては積極的に自身の特徴として取り込んでいこう。

　本節第二文「2)（そして、）自分自身を他者に理解してもらうべきことを、適切な言葉を用いて十分に伝えることができているのであろうか。」について述べていきたい。あなたはあなた自身を社会で誤解なく適切に伝えることができなければ、十分な理解を得られなかったり誤解されて望まない評価を得

るであろう。あなたの人生を築いてきたのはあなたであり、都度考えてきたこと、行ってきたことなどを最も理解しているのは第三者ではなくあなただけである。本節第一文で書いたようにあなたがあなた自身の良き理解者となったとしても、それだけでは不十分であり、他者にあなたを正しく理解してもらうことが必要である。何故ならば、あなたは生まれた時から人間社会の構成員として他者との関わりの中で生きているからである。他者との関わりを無視して生きることは、人間社会から離れて孤立して生きていくことを意味する。しかしながら文明的な生活を送るには人間社会から離れることは不可能である。自分自身を他者に正しく理解してもらうには、あなたから誤解を与えるようなシグナルを送ってはならない。誤解が何度も重なると第三者はあなたの歪んだ人物像を創り上げる可能性がある。このため、適切に情報を発信することを意識しながら言葉や行為を用いて他者と接するべきである。

２．理想の自分に近づくために

　あなたが就職活動、あるいは社会人になるまでに、(1)なりたい自分(理想像)を明確にすること、そして、(2)その理想像に対して、現在あなたや第三者が評価するあなたの特徴や上記で述べた「参考」となる現在像などと比較し、ギャップを埋めることに努めよう。そのことで、あなたの理想像に近付こう。そのために、次の３つのワークを利用してあなたの特徴を整理する。他者への尊重を前提として全ての設問を回答してほしい。

あなた自身について、あなたからの評価と第三者からの評価を理解しよう。

・あなたを端的に述べるとどのような人物か。理由は何か。

　--
　--
　--
　--

・家族や友達から、あなたはどのような人物であると評価されるのか。

　--
　--
　--

・あなたの長所は何か。その点が長所と判断できるエピソードも書いて説明せよ。さらに、その長
　所を伸ばすには何をすれば良いのか考えて記述せよ。

　--
　--
　--
　--
　--
　--
　--
　--
　--

・あなたの短所は何か。それが短所と考えられるエピソードも書いて説明せよ。また、それを改善
　するには何をすれば良いのか、記述せよ。

　--
　--
　--
　--
　--
　--
　--
　--
　--

・どのような人に好かれるのか(同年代の男女、同年代以上の男性女性、親世代など)。

....

....

....

・どんな人と話しやすいのか。

....

....

....

上記を踏まえて、あらためてあなた自身がどのような人物であるのか端的に評価してみよう(100字以内)。

....

....

....

....

....

ワーク2

なりたい自分、理想的な将来などを整理しよう。

なりたい自分、理想の人物像(家族や友達から、どのような人物であると評価されたいのかも含む)

....

....

....

....

....

如何なる仕事に就きたいか。その仕事は、「なりたい自分」へと近づくためにあなた自身を成長させることができるものか。理由も含めて述べよ。

....

....

....

....

....

ワーク3

現在の「参考」と将来なりたい自分とのギャップは何か。次の表を用いて整理して答えよ。

	ギャップ	理想の自分になるには
自分自身		
長所		
短所		
その他		

3. 過去と現在の取り組み

　夢を叶えたい、あるいは、就職活動で後悔をしたくない学生の皆さんが最もとってはならない行動は、行き当たりばったりで就職活動を行うことである。運よく志望先企業に入社できました、入れませんでした、と運任せに生きていくことは、自分の人生に対してあまりに無頓着であり、また、今まで抱いてきた夢や希望が運任せの行動によって壊されてしまう。

　大学卒業後に就職希望の産業・企業・職種に就くには、雇用者から理想の産業人材・社員像として認められるための取り組みを実施していく必要がある。その取り組みの一例として、企業に入った後に全社員が取得必須の資格や受験必須の検定試験への取り組みを挙げることができる。学生の皆さんは意外に思うかも知れないが、企業が取得や受験が必須である資格や検定試験は、その企業に入社できた新入社員全員が間違いなく取得

て・合格できるものであるとは限らない。入社できる人材と見なすことと、それら資格や検定試験を取得、合格あるいは一定の水準以上の点数を得るかどうかは別の話である。筆者も新入社員が必須となる資格が3年経っても取得できなくて所属先が困っている、という話を耳にしたことがある。必要となる資格や検定を先んじて取得しておくことは、採用側の企業にとっては、入社後に必要とされる基準を満たしている人材であり、少なくともその点においては「万が一」が起きない(資格や検定が取れない)、という間違いが起きない人材である。そもそも仕事と並行しながら資格や検定試験の対策を取ることは時間的にも精神的にも困難を感じるであろう。あなたが就職を希望する産業や企業にとって望ましい人物像を追求することは少しでも条件を良くする行為である。夢で終わらせないために、そして、機会を、ただ座して待つような他力本願の姿勢で就職活動をして、将

来後悔しないようにするためにも、入社後には取らねばならなくなる資格を取得するなどの取り組みに努めよう。

　適切な取り組みを計画的に実施することで、着々と夢に近づいていくとともに、あなたが希望する産業・企業・職種を明確にすることが可能になるからである。

　計画を立てながら将来へ向けて取り組みを着実に進めていくには、現在の取り組みのみならず、過去積み重ねたものにも目を配ってそれらを活かしていこう。なぜならば、それは積み重ねてきたものがあなたを形成してきたからだ。現在の取り組みにしても、過去の積み重ねの延長線に位置するものである。例えば、失敗したからこそ、それを前提として二度と失敗しないように夢に向かって新たな取り組みをしている、と言えるであろう。また、過去の経験から培った、大切にしている精神性がある場合には、それは未来においても継続して大切にし、且つそれを活かしていきたい、と考えるであろう。あなたの特徴や取り組みは、過去の経験などに基づいているため、それを明確に整理した上で将来に向かって進んでいってほしい。

MEMO

ワーク4

　小学生以降の教育ステージ(小学校、中学校、高校、大学)別に、あるいはそれらを横断しての、人物像、教育、課外授業、資格取得、その他取り組みや経験などについて、次の表ワーク 4a 及び表ワーク 4b を使用して整理をするワークに取り組んでもらう。理想の将来像とのギャップを考えるためにも、理想像の行を追加したため、本章第 2 節で整理した理想の将来像の情報をこちらのフォーマットに適した形で落とし込もう。その上で、理想の将来像位近づくには何が必要なのか、考えよ。

表ワーク 4a：過去の整理と現在の取り組み一覧表

	現実像 (強み・弱みなど)	生徒・学生としての取り組み		その他(大切な経験、内面的な変化など)	
		授業	課外活動	教育ステージ別	横断的な内容
小学校					
中学校					
高校					
大学(現在)					
理想の将来像					

表ワーク 4b：ワーク 4a に書き込む各区分の内容

区分	内容
人物像	人からの人物評も含めた、あなた自身への客観的な評価。
教育	得意な科目、苦手な科目の記載。これらを並べて記載することで、あなたの関心や得意な科目に対する変遷を理解できる。
課外活動	学校の枠組みで提供されている部活やサークル(大学公認サークル)、大学非公認サークル、社会人サークル、地域・自治体・民間団体によって運営されるサークルでの活動)、習い事(勉強以外。楽器など)など。
その他	資格や記憶に残る経験、内面的な変化、譲れないものなどを記載。その推移などを確認してあなた自身の成長などを確認する。

4．「社会人基礎力」の再確認

　2023 年 4 月現在、大学におけるキャリア教育科目のシラバスにおいて、「社会人基礎力」という言葉を目にすることが多い。これは最近に始まったことではない。キャリア教育が大学教育に導入され始めた 2010 年代前半には、既に社会人基礎力という言葉が複数に及ぶ大学のキャリア教育の入門科目のシラバスには記載されていたと筆者は記憶している。そもそも、この社会人基礎力とは、何であるのだろうか。経済産業省は、2006年に「社会人基礎力」を提唱した上で、その延長線上にあるものとして 2017 年に「人生100 年時代の社会人基礎力」と提唱した。後者は人生の長期化に伴い個人の企業・組織・社会との関わりも長くなった中でライフステージを生き抜くために提唱されたものである。本書で用いる社会人基礎力は、この後者の社会人基礎力、それも、大学生から社会人となるライフステージの段階に必要となる社会人基礎力に限定する。

　学生の皆さんは、この「社会人基礎力」という言葉を聞き、新たな力を養成しなくてはならないと一瞬身構えてしまったかもしれない。しかしながら、社会人基礎力は目新しいものではない。社会人基礎力は、最初に提唱された 2006 年から変わらず、「前に踏み出す力」「考え抜く力」「チームで働く力」といった三つの能力とそれらを構成する十二の要素(主体性、はたらきかけ力、実行力、課題発見力、計画力、想像力、発信力、傾聴力、柔軟性、情況把握力、規律性、ストレスコントロール力)によって構成されている。具体的には、3 つの能力とそれを構成する要素の組み合わせは次のとおりである。

<u>社会人基礎力：3 つの力とその構成要素の組み合わせ</u>

　「前に踏み出す力」：主体性、はたらきかけ力、実行力

　「考え抜く力」　　：課題発見力、計画力、想像力

　「チームで働く力」：発信力、傾聴力、柔軟性、情況把握力、規律性、ストレスコントロール力

　社会人基礎力を形作る 3 つの力と 12 の要素、特に後者の 12 の要素については、それらを目にしただけでも、今までの人生の中で、それも特別な訓練を必要とはせず日常生活や学校生活において既に培ってきたものばかりではないだろうか。そして、3 つの力についても、12 の要素を社会人基礎力として意識的に 3 つに統合して用いていなかっただけではないだろうか。このように意識的に培ったのではなくとも社会人基礎力を用いているのであれば、それはそれで立派ではある。しかしながら、社会人基礎力として意識して社会人生活において活かさず、無意識に使っている場合には、その力がどこまで発揮できるのかがわからない。

　このため、当節では、ワークを通じて 12の構成要素を社会人基礎力を統合し方向づける作業に取り組んでもらう。まずは、社会人基礎力について簡潔に理解してもらう。その上で、ワークを通じて社会人基礎力の 3つの力を構成する要素について、過去に経験を通じて培ってきたことを書き出して整理

してもらう。また、要素を横断したエピソード、経験などを振り返って記入することを通じ、構成要素を合わせて3つの力へと意識的に方向づけて統合する訓練としたい。

　なお、社会人基礎力は、それだけを培い活かすことができるだけでは社会人となるには不十分である。あなたは、大学教育を受けた人材として期待されての内々定、そして卒業後には社会人となるのである。このことは、 社会人基礎力＋大学での学びを通して身に つけた力と学修成果 を入社後に活かせる人材であることを示している。なお、大学での学びを通して身につけた力と学修成果は、所属学部・学科・専攻のディプロマ・ポリシーに記載してあるため、確認してもらいたい。

　最後に、大学のキャリア教育科目のいう「社会人基礎力」の意味を、経済産業省『「人生100年時代の社会人基礎力」説明資料』を利用して概観する。

社会人基礎力：将来社会に出て、職場や地域社会で多様な人々と仕事をしていくために必要な基礎的な力
⇩
⇩
3つの力の総合力
①　前に踏み出す力、②考え抜く力、③チームで働く力

「前に踏み出す力」：ものごとに進んで取り組んだり、他人に働きかけたり、目的をはっきりさせて行動する力

「考え抜く力」：　現状をよく考えて何が問題なのかをはっきりさせたり、その問題を解決するために計画を立てたり、新しい考え方や方法を考え出したりする力

「チームで働く力」：様々な人々とともに目標に向けて協力するための力
　　　　　→(具体的には)
　　　　　自分の意見を分かりやすく伝え、相手の意見をきちんと聞き、お互いの違いを分かり合うとともに、自分と周りの人々の関係を理解し、社会や人々との約束を守り、きびしく苦しい状態になってもそれに向かい合うことができるような力

(出所) 経済産業省『「人生100年時代の社会人基礎力」説明資料』の「「人生100年時代の社会人基礎力」について」記載のページ。

要素一覧から該当する要素を○で囲った上で、要素を横断したエピソード、経験などを記入せよ。

力	要素	要素の説明	要素を横断したエピソード、経験など
前に踏み出す力 （アクション）	主体性	物事に進んで取り組む力	
	働きかけ力	他人に働きかけ巻き込む力	
	実行力	目的を設定し確実に行動する力	
考え抜く力 （シンキング）	課題発見力	現状を分析し目的や課題を明らかにする力	
	計画力	課題の解決に向けたプロセスを明らかにし準備する力	
	想像力	新しい価値を生み出す力	
チームで働く力 （チームワーク）	発信力	自分の意見をわかりやすく伝える力	
	傾聴力	相手の意見を丁寧に聴く力	
	柔軟性	意見の違いや立場の違いを理解する力	
	情況把握力	自分と周囲の人々や物事との関係性を理解する力	
	規律性	社会のルールや人との約束を守る力	
	ストレスコントロール力	ストレスの発生源に対応する力	

(出所) 経済産業省『「人生 100 年時代の社会人基礎力」説明資料』の「「人生 100 年時代の社会人基礎力」について」記載のページを利用して筆者作成。

3 つの力がそれぞれ持つ要素を横断したエピソード、経験などを記載せよ。

力と要素	エピソード、経験など
記入例：主体性、実行力（前に踏み出す力）＋計画力（考え抜く力）	

引用文献一覧

経済産業省　ウェブページ「社会人基礎力」、https://www.meti.go.jp/policy/kisoryoku/、(2023 年 1 月 7 日閲覧)。

経済産業省　ウェブページ「社会人基礎力」内の「フリー素材」における PowerPoint ファイル『「人生 100 年時代の社会人基礎力」説明資料』(PowerPoint ファイル名：kisoryoku_PR)、https://www.meti.go.jp/policy/kisoryoku/ (2023 年 1 月 7 日閲覧)。※発行期日の記載なし。

第5章

社会との関わり

第4章、そして続く本章(第5章)では、キャリアを考えるにあたって自分の外部環境たる社会との関わりを含めて自分を顧みるきっかけを提供する。本章では、人は社会を構成するとともに様々な「社会」に属していることから社会における皆さん自身のあり方を確認する。

1．社会とは

前章(第3章)では、1)各自による様々な方面での取り組みの積み重ね(個人の歴史[経歴])、そして2)現在の取り組み、といった面からあなた自身とは何者かを理解してもらった。しかしながら、これらの作業は、自分によって自分を中心と位置付けて時系列的に整理した「自分とは何者か」を理解することであり、自身を客観的に捉えるための分析枠組を利用していない。このために「自分とは何者か」について極めて主観的な捉え方に陥ってしまう恐れがある。しかしながら、人によって社会が構成されていることから「個人と社会とのつながり」、という面に注目し、ワークを交えながら「社会における皆さん自身のあり方」を確認する。

（1）社会とは

社会という言葉は多義的に用いているため、まずは社会の意味を明らかにしたい。本書はキャリア教育の入門書であり、社会そのものを突き詰めていく科目の教科書ではないため、広辞苑の内容でのみまとめ、筆者による言及も端的に留める。『広辞苑第七版』では、社会を次のように定義している。

①人間が集まって共同生活を営む際に、人々の関係の総体が一つの輪郭をもって現れる場合の、その集団。諸集団の総和から成る包括的複合体をもいう。自然的に発生したものと、利害・目的などに基づいて人為的に作られたものとがある。家族・村落・ギルド・教会・会社・政党・階級・国家などが主要な形態。「―に貢献する」
②同類の仲間。「文筆家の―の常識」
③世の中。世間。家庭や学校に対して利害関心によって結びつく社会をいう。「―に出る」
④社会科の略。
(『広辞苑 第七版』、p.1,349)

社会を①、②、③の意味で捉える。④を除外することは言うまでもない。①、②、③の意味を整理しながらあらためて社会を説明すると次のとおりである。①「人間が集まって共同生活を営む際に、人々の関係の総体が

一つの輪郭をもって現れる場合の、その集団。諸集団の総和から成る包括的複合体をもいう。」(同、p.1,349)という意味から、人間が形成する集団内で形成する社会を指す。②については、「同類の仲間」と言う点で、共同生活の営み以外で紡ぎ出される同質の性質を共通点に持って意図的に活動する人間集団を、社会としての意味合いで捉える。③については、家庭や学校に対比する存在としての社会「世の中。世間。利害関心によって結びつく社会」(同、p.1,349)であり、大学を卒業して社会(世の中、世間)に出る、という意味で使われる。人間集団としての性質に焦点を当てた①の意味の中にある「*利害・目的などに基づいて人為的に作られたもの*」(同、p.1,349)と同様に捉えることができる。

　これらを踏まえ、本書で使う「社会」は、人間集団としての性質から語るため、人間の活動において自然発生的あるいは人工的に形成される同質の性質を持つ人間集団、という言葉で集約できるだろう。このように社会という言葉は多義的に用いられているだけではなく、様々な集団や仲間といった「社会」が同時に併存している。家庭、学校、企業(アルバイト)、趣味仲間など、1つの社会でだけではなく複数の社会に同時に存在しており、それぞれに役割を果たしている。このことを踏まえると、社会を考慮せずに自身の過去を整理することだけで自らを顧みるのではなく、社会との関わりから自らを顧みることも重要である。

２．　社会との関わり

　「社会」は人との関わりの意味において、つながりだけではなく、競争も存在すること

にも目を配ってほしい。あなたが公務員となって市民サービスを提供することで「人の役に立ちたい」、「社会に寄与したい」、と考えたとしよう。確かに、そこには社会から見た自分の立ち位置がある。その一方で、社会には競争が存在する。自治体間での競争、同僚とアイデアを出し合った場合のその採用による優劣、そして何よりも公務員試験に合格しなくてはならない。特に公務員試験ではあなたが納得するまで試験対策勉強をし尽くした、という面だけでは合格はしない。あなたを上回る得点をあげた受験生が合格者数以上存在すれば、あなたは残念ながら合格しない。その他の例として、同類の仲間という意味での社会であっても競い合う面もあるだろうし、家庭や学校に対比しての社会の意であれば、その社会には競争の性質も含まれているだろう。取り上げる「社会」次第ではあるが、その「社会」を考えるときにはそこには競争があるのか、そして競争がどのような面で働くのかを是非とも忘れないでほしい。その一方で、社会に競争性が埋め込まれているからといって積極的に競争することを示唆しているのではない。他者もあなたと同様に人間であり、大切にしているものや譲れないものを抱えている。人間が社会を形成するからこそ、人間性に関することや物事次第では尊重したり協力したり譲り合ったりすることも必要である。物事によって競争するものであるのか否か、しっかりと判断できるバランスの良い人間になってほしい。

　このことを踏まえて、学生としてのあなたが様々な社会で果たす役割をいくつか具体的に記述していきたい。学生の皆さんは、家庭の成員としてのあり方から考えると、成人

したとはいえ、家を出て自身で生計を立てることになった学生は少ないであろう。成人後も保護者の庇護の下、学生期間は精神的にも物理的にも保護を受ける立場にあるのではないか。また、兄弟姉妹がいれば、その中での立場によって、兄や姉として弟や妹を教導する役割もあろうし、弟や妹であれば、兄や姉に何かしら依存する面もあろう。視点を変えて、家庭における日常生活レベルでの役割(分担)という点において、保護者から教育の一環として土日の昼食の調理を任されたり、家の一部の掃除を任されたり、曜日によっては保護者の代わりに食材の買い物を任されるなどが考えられる。ここでは2つの視点から家族という「社会」におけるあなたのあり方や役割を見てみたが、学生である皆さんは、他の「社会」にも所属している。次にサークルの例を見ていこう。

　大学におけるサークルもまた、特定の共通点を持ち、それについて活動を行うための集団である。その中で、あなたの役割は何であろうか。体育会系サークルであれ、文化会系サークルであれ、部長(サークル長、主将)やその立場を支える副部長(副サークル長、副主将)、そして執行部(イベント、広報、渉外など、サークルによって異なるが上級生が役割を分担して担う役職)などがあろう。あなたが部長であれば、特定のイベントについて、他の役職者と協働しながら、自身のリーダーシップで皆を引っ張る立場となる。学園祭で屋台を出すのであれば、イベント担当の執行部メンバーに企画運営を任せつつ、サークルの全メンバーを屋台への取り組みに向けさせるように促す役割を担うであろう。

　家族とサークルの例を見てきたが、このように学生の皆さんは複数の「社会」に属している。その他には、大学(学生として)、企業(アルバイトとして)、地域社会(祭りが盛んな地の出身であれば、地縁に基づいた集団の①一員として：集団例、岸和田のだんじりにおける町会、徳島の阿波踊りにおける連)などがある。次に提示したワークを通じ、あなたが所属する社会とそこでの役割を整理することで、あなたと社会の関わりを再認識してほしい。

ワーク1

あなたが所属する「社会」を3つほど取り上げ、それら「社会」においてあなたがどのような役割を担っている(担っていた)のか。第三者に分かるように丁寧に説明せよ。

「社会」の名称	あなたの役割
	....
	....
	....

引用文献一覧

(辞典)

新村出編(2018)『広辞苑 第七版』、岩波書店。

第6章

就きたい職業を見つけよう

近年、コンピューターによる自動化可能性の高まりと職業に関する研究が注目され、それによると、無くなる可能性が高いと言われる職業、また、無くならない可能性が高いと言われる職業が存在する。その背景を含めてそれら職業について整理した上で、皆さんが働くことを希望する産業、企業、職種、仕事内容についてワークを使って整理してもらう。

1．就きたい職業を見つけよう

就職活動に当たって、各大学で開講されているキャリア教育科目の履修をきっかけに、志望する産業、企業、職種、仕事内容などを定め、就職へと確かな一歩を踏み出していくことであろう。皆さんが特定の産業、企業、職種、仕事内容などへの志望を明確にすることは、就職活動を計画的に進める上で大変好ましいことではある。そうであるからこそ、それらの「志望」を、個人の選好(preference)からだけではなく、それらの将来性をも考慮して定めてほしい。それらは、20年後、30年後、さらにはあなたが定年するときも変わらず世の中で同様の需要を得て安定した存在で居続けるのであろうか。本節では、産業、企業、職種に絞ってこのことについて考えていきたい。

皆さんにとっての常識は、他の世代にとっての常識ではないものもある。現在、キャリア教育の入門科目を各大学で受講している学生の皆さんは、2000年代になって生まれた方が多くを占めているであろう。皆さんの

誕生時にはコンピューターが一般家庭に普及し、インターネットのコンテンツも充実してきた時期である。スマートフォンも2000年代後半から普及し、今では日常生活では手放せない機器の位置付けを占めている。スマートフォンは、教育に必要なものとして皆さんに利用を強制したものではなく、皆さんの成長とともに気づいたらそばにあり、利用しているものとなった。皆さんの側からしても、スマートフォンの使用には抵抗がなく、利用することはとても自然で当たり前のものなのであろう。2010年代に入ってからは大学入学当初はパソコンを使用せずにスマートフォンでレポートを書く大学生が見られるようになり、今ではそれが当たり前のように感じている学生の皆さんも多いようである。しかしながら、皆さんの親、親戚、更には人生の先輩に当たる方々は、少し前の時代に生徒・学生時代を送っているが、その時、彼ら彼女らの傍らにはスマートフォンがあることがなかったか、自然ではなかった状況であった。世代によってはコンピューターも一般

家庭で普及しておらず、企業が購入する計算機としての役割を担っていた。また、これから 20 年先に生まれてくる子ども達の目には、スマートフォンは、当たり前のものであろうか、それとも「旧時代の機械」になるのであろうか。そのようなことは言われなくとも分かっていることではある。しかし、分かっていながら、機器の進化と顧客ニーズの推移のように、(それらの進化や推移を受けて)仕事もいずれはなくなっていくものがあることを就職活動時には、思い浮かばない、あるいは理解できない学生は多いのではないだろうか。例えば、技術革新によって、スマートフォンは未来においては他のものに置き換えられていく。企業は自身が抱える事情によって人が行う仕事を機械が行うように、人から機械へと置き換えていくといったことは容易に考えられるであろう。このような流れを日本では人口減少が後押しする。人口減少による就労人口の減少が生じる。企業は労働力不足解消のためにコンピューターテクノロジーによって人間と同じ仕事ができる場合には、その仕事はコンピューター化されることによって担い先が人間から機械へと代替されていく。そして、実際に、産業界では、仕事への従事が人間から機械へと代替、つまり「自動化」の職業の範囲は拡大している。

また、時代の推移に適応しての「志望」以外に、将来性を考えなかった結果、能力、知識、スキルの陳腐化と応用の困難さが生じることにも着目してほしい。実際に志望する産業、企業、職種、仕事内容に従事できたとしても、それらが 20 年後、30 年後、あるいは定年まで存在しているとは限らない。その場合は、あなたが積み重ねてきた能力、知識、スキルは、他の産業、企業、職種、仕事内容でも応用できるのであろうか。そうであるからこそ、能力、知識、スキルの陳腐化と応用の困難さからも「将来性」を深慮すべきである。

Frey, Carl Benedikt and Osborne, Michael A.が 2013 年に著した "The Future of Employment: How Susceptible are Jobs to Computerization?"(筆者邦訳　雇用の未来：いかにコンピューター化によって仕事は影響を受けやすいか？)では、アメリカにおける仕事のコンピューター化への影響について論じている。この研究は、リスクがある仕事の数とコンピューター化される職業の賃金と学歴の関係を分析することを主な目的としたものであり、米国の労働市場のもたらす成果に対する、コンピューター化の予想される将来の衝撃を検証したものである。コンピューター化の影響の受け方から、アメリカにおける職業を高位、中位、低位のリスクに分けて見積もったところ、アメリカにおける総雇用の 47％が高いリスクに晒されており、これに関連する職業は不特定の年数、おそらくは 10 年から 20 年にかけて潜在的には自動化可能である職業ということを意味している。(Frey and Osborne 2013、pp.36-38)。また、賃金と学歴は、職業のコンピューター化の可能性と強い負の相関関係を示していることについて証明した(同、p.42)。

この研究から、コンピューター化によって仕事が人からコンピューターに置き換わる可能性のある仕事は確実に存在し、それを踏まえて仕事を選ぶことが重要である、ということであり、賃金が高い仕事、高いスキルを

有する仕事に就くには、高い学歴を必要とする仕事に就くことを示唆している。それらの仕事とは、例えば、創造的、社会的知性を必要とする業務(同、p.56)などがそれに当てはまる。アメリカの雇用を前提とした話ではあるが、Frey and Osborne が提示した記載した、コンピューター化の影響を受け難い職業から受けやすい職業へと並べられている 702 種に渡る職業リストを確認してほしい(同、pp.57-72)。同リストを逆から見て貰えばわかるように、技術的にも取り残されやすく、単純作業の職業が羅列している。表 6-1-1 では、自動化可能性の最高・最低の職業をリスト化した。

表 6-1-1：Frey and Osborne の研究(2013)における
アメリカで自動化可能性の最高・最低の職業

自動化可能性が最も低い職業	自動化可能性が最も高い職業
上位 10 位（無くなる可能性：%）	99.9%無くなる可能性がある職業
1位 Recreational Therapists (0.28%)	702位 Telemarketers
2位 First-Line Supervisors of Mechanics, Installers, and Repairers (0.3%)	701位 Title Examiners, Abstractors, and Searchers
3位 Emergency Management Directors (0.3%)	700位 Sewers, Hand
4位 Mental Health and Substance Abuse Social Workers (0.31%)	699位 Mathematical Technicians
5位 Audiologists (0.33%)	698位 Insurance Underwriters
6位 Occupational Therapists (0.35%)	697位 Watch Repairers
7位 Orthotists and Prosthetists (0.35%)	696位 Cargo and Freight Agents
8位 Healthcare Social Workers (0.35%)	695位 Tax Preparers
9位 Oral and Maxillofacial Surgeons (0.36%)	694位 Photographic Process Workers and Processing Machine Operators
10位 First-Line Supervisors of Fire Fighting and Prevention Workers(0.36%)	693位 New Accounts Clerks
	692位 Library Technicians
	691 位 Data Entry Keyers

(注) 指数(0 は自動化可能性がない、1 は自動化可能性がある)を%表示に直して表記。

(出所) Frey, Carl Benedikt and Osborne, Michael A.(2013), pp.57-72「The table below ranks occupations according to their probability of computerisation (from least- to most-computerisable)」の p.57 と p.72 を基に筆者が並び替えて作成。

また、Carl Benedikt Frey と Michael A. Osborne は、野村総合研究所と共同研究した『日本におけるコンピュータ化と仕事の未来』(Frey, Carl Benedikt and Osborne, Michael A., 2015)において、日本における仕事とコンピュータ化の影響の可能性について論じている。日本の労働者のおよそ 40 パーセントは、我々の分析で自動化が不可能と見なされている職業に就いている。これらの自動化が困難な仕事の大半が、複雑な社会的交流が必要とされる作業を伴う(Frey, Carl Benedikt and Osborne、2015、pp.11-12)からである。参考として、表 6-1-2 に Frey and Osborne の研究(2015)における、日本で自動化可能性の最高・最低の職業を記した。

表 6-1-2：Frey and Osborne の研究(2015)における
日本で自動化可能性の最高・最低の職業

自動化可能性が最も低い職業	自動化可能性が最も高い職業
上位 10 位	99%無くなる可能性がある
精神科医 Psychiatrists (0.1%)	電車運転士 Train Drivers (99.8%)
国際協力専門家 International Cooperation Experts (0.1%)	経理事務員 Accounting Clerks (99.8%)
作業療法士 Occupational Therapists (0.1%)	検針員 Meter Reading Workers (99.7%)
言語聴覚士 Speech Therapists (0.1%)	一般事務員 General Administrative Clerks (99.7%)
産業カウンセラー Industrial Counselors (0.2%)	包装作業員 Packaging Workers (99.7%)
外科医 Surgeons (0.2%)	路線バス運転者 Route Bus Drivers (99.7%)
はり師・きゅう師 Acupuncturists and Moxibutionists (0.2%)	積卸作業員 Loading and Unloading Workers (99.7%)
盲・ろう・養護学校教員 Special Education Teachers 0.2%	こん包工 Balers (99.7%)
メイクアップアーティスト Make-up Artists (0.2%)	レジ係 Cashiers (99.7%)
小児科医 Pediatricians (0.2%)	製本作業員 Binding Workers (99.7%)

(出所) フレイ, カール・ベネディクト、オズボーン, マイケル A. オズボーン(2015)、p.11 「表 1：自動化可能性が最も高い職業」、「表 2：自動化可能性が最も低い職業」を基に筆者が 1 つの表に並び替えて作成。

同節まとめとして、次のことを皆さんに提唱したい。現在、仕事の人間から機械への代替、つまり「自動化」の職業の範囲は拡大している一方で、それらの仕事は短期間で完全に自動化されるわけではないことも理解すべきことであろう。人間社会は文字どおり人間が形成している。労働市場における自動化の推進も人間の判断が必要となる。一社のみ見れば突然に特定の仕事が切り捨てられたように見えるが、労働市場全体では、突然の終わりを告げることはないであろう。また、仮に最初の一社の経営者の判断による自動化推進から、業界全体に広がりを見せて職業が消えていき、さらにはいくつかの職業が同様に消えたとしよう。その後に続くであろう職業の存亡については社会問題化し、世間で問われることとなると考えられるからである。但し、代替の程度はあれども、徐々には

自動化して人間から機械へと代替していく流れは止まることはない、と推察することができる。このため、就職を希望する産業、企業、職種、仕事内容などは、20 年後、30 年後、さらにはあなたが定年するときも変わらず世の中で同様の需要を得て安定した存在で居続けるわけではないことをも事前に考慮しながら就職活動に取り組んでほしい。

ワーク１

就きたい職業について、産業、企業、職種、仕事内容などに触れながら簡条書きで大まかに言及せよ。

引用文献一覧

（日本語文献）

フレイ, カール・ベネディクト、オズボーン, マイケル A. オズボーン(2015)『日本におけるコンピューター化と仕事の未来』野村総合研究所、pp.1-14。

（英語文献）

Frey, Carl Benedikt and Osborne, Michael A.(2013) "The Future of Employment: How Susceptible are Jobs to Computerization?", the Oxford Martin Programme on Technology and Employment Working paper, Oxford Martin School, University of Oxford, 17th September, 2013, pp.1-72.

第7章

志望企業の選定 I

　本章から始まる3つの章(第7章、第8章、第9章)において、皆さんには志望企業の選定に取り組んでもらう。企業選定には、会計情報や特筆すべき企業情報を利用することが好ましい。次章で『会社四季報』、有価証券報告書、アニュアルレポートを取り上げ、うち『会社四季報』の決算書を分析する。本章では、その前提として貸借対照表と損益計算書の見方を学ぶ。企業情報が自分分析できれば、志望先企業への理解の促進と志望理由の深化にもつながる。なお、本書では、簿記の知識がさほどなくても決算書の簡単な読み方を解説している。

1．貸借対照表の見方

　決算書には財務諸表(主に貸借対照表や損益計算書)掲載されている。その見方については、財務諸表は企業の利益を計算しやすいように人工的に割り振って作られている。なぜここに現金を書くのか、なぜ売上から売上原価を引くのかなど、記入する理由を追求せずに現金を何処に記載するかなど、機械的に会社の財務情報を割り振ってほしい。

　本章では財務諸表の主なものである、貸借対照表(Balance Sheet : B/S)(図7-1-1参照)、損益計算書(Profit and Loss Statement : P/L)の見方を説明するが、まず本節では前者を取り扱う。B/S は、会社の財政状態を示すもので、記載内容は会社の資産(お金や土地など)、負債(借金など)、純資産(資本金)の3つに大きく分類される。

　資産の部のうち、流動資産は現金化しやすく、固定資産は現金化しにくいもの(土地など)を指す。流動資産と固定資産の区切りは1年以内に現金化できるか否かで区分する。会社が倒産するのは大体資金不足により債務超過で倒産することが多い。不測の事態に会社が陥った時に、現金が必要になる場合を想定できるであろうか。現金にすぐ換金できる資産が多ければすぐに支払いできると気が付くであろう。つまり、固定費は不景気には流動資産が多い企業が企業経営上強い体質となり、逆に好景気では固定資産が多い企業が経営上強い体質になる。

　負債の部の流動負債と固定負債のうち、流動負債は1年以内の返済を要し、固定負債は返済義務があるが1年以内に返済不要なお金、である。

　純資産とは自己資金を指す。

図 7-1-1：貸借対照表について

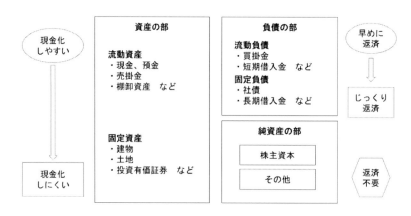

(出所)佐伯、2011、p.67「図　貸借対照表について」

　自分の興味ある企業 1 社をネットで調べ、その企業の財務諸表から現金の額と借入金の額を調べてみよう。その 2 つの額から分かることを分析し、200 字から 300 字でまとめよ。

解説：各社で保有している現金の額には差があり、業界によって現金保有率に特徴がある。例えば、任天堂などのゲーム会社は、1 つの製品が当たれば大きいが売れないとすぐに資金が底をついてしまう。このような業界では、借入金を希望しても銀行はお金を貸し付けることを渋るので、自社で現金を貯めておく必要がある。一方で、借入金が少ない会社、中には無借金経営をしている会社も存在するが、借入金によって工場などに設備投資をしたり、研究開発にお金をかける必要もあるため、会社を大きくするためには投資も必要である。個人が住宅購入時に資金不足で銀行からローンを組むのと同様である。要は、会社の現金の状態と借入の状態が必要な程度あればよいということになる。なお、自社で保有する現金が多ければよいというものでもない。

次に、イメージから貸借対照表を読み解く。図7-1-2の左側には会社の財産、右側にあるものはその元手を記載する。次に、各々を人、特に資産家に喩えてみていく。

図7-1-2左側に記載の各資産は、人に自慢したい現金や土地、建物、備品、権利などが現金化しやすい順に並んでいる。現金は脂肪として寒さの蓄えとなる。このため、現金以外の資産は現金化して寒さの厳しさに備えることができる。これら資産はあらゆる事業環境への備えなるものであり、置かれる環境によっては資産の種類や量がどの程度あれば大丈夫か推測可能となる。

図7-1-2右上に掲載されるのは負債である。人に見せたくないもの、つまり借金や義務(買掛金など、まだ未払いだが払う義務のあるもの)を記入する。売上債権は人にとっての脂肪であるが、売掛金のような現金をもらう権利を金額で示す。固定資産は、筋力としてのイメージで売上を生み出す源泉と考えてほしい。負債の借入金は、会社の財源の元手を銀行などから調達したので筋肉増強剤として外部の力が入ったとする。純資産の資本金は骨格であり自分の純粋な資産として身体を作る基礎となる。企業の倒産理由として多いのは資金不足である。そのため資金不足、例えるなら血行障害、に陥らないよう現金の流れを良くしなければならない。

図7-1-2：貸借対照表のイメージ

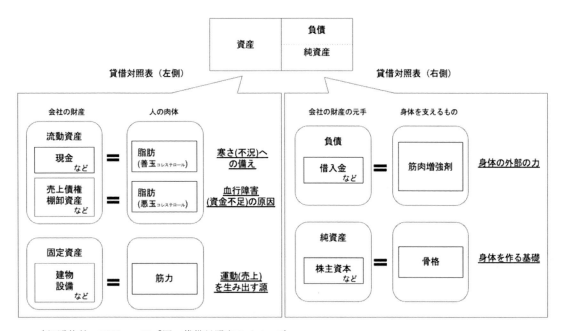

(出所)佐伯、2011、p.82「図　貸借対照表のイメージ」

貸借対照表は如何なる構造で作成されているのか。あなたが理解できたことを 200 字から 300 字でまとめよ。

２．損益計算書の見方

　損益計算書記載の企業の利益には種類が存在する(表 7-2-1、図 7-2-1 参照)。企業利益の構造は単純なのでこの機会に理解してほしい。まず、売上高－売上原価(作るために直接使った費用)を**売上総利益**といい、一般的に「粗利(あらり)」という。その売上総利益－販売費及び一般管理費(売るために間接的にかかる費用[販管費ともいう])を**営業利益**といい本業での儲けを意味する。次に、その営業外収益(受け取った利息など)－営業外費用(支払った利息など)を足したものを**経常利益**という。そこに、特別利益(土地や株を売った利益)－特別損失(災害などでの損失)を引いたものを足したものを**税引前当期純利益**、今まで計算した利益から法人税・住民税などを引いたものを**当期純利益**という。これらの過程を表 7-2-1 で確認されたい。なお、前節で取り上げた P/L は収益－費用で利益がでると説明をしたが、利益の種類は一つだけではないことに注意してほしい。

売上総利益

　売上高から売上原価を引いたものを指す。なお、売上原価とは「売れた商品の中の仕入れた原価」である。売れ残った材料は来期に使用することになる。その売れ残った材料は今期の仕入れに含めて今期の売上原価には含めない。

営業利益

本業での儲けを表し、売上総利益から売るためのコストを引いたものである。製品は製造しただけでは売れず、広告活動や営業活動、それらにかかる交通費、営業・人事・総務等の給料、事務所、パソコンなどの備品のようなものをまとめて販売費及び一般管理費(販管費ともいう)という。つまり、顧客に製品を売るまでに、間接的にかかる費用である。売上総利益－販売費及び一般管理費＝営業利益となる。この数字は、本業の儲けを表す最も重要な利益の一つである。

経常利益

　経常利益とは「ケイツネ」とも呼ばれ、財務活動まで含んだ利益のことである。財務活動とは、余ったお金の運用で利息が増えたり、株や債券の配当や利払いでの損益を足して引いたものである。つまり、本業以外での収入を営業外収入といい、本業以外での支出を営業外費用という。まとめると、本業での儲けに加えて、日々の財務活動での損益まで加味した利益である。

税引前当期純利益

　一時的要因（毎年ではなくその年に予想外の出来事）で生じた利益（特別利益）と、一時的な要因で被った損失（特別損失）まで含めて計算したものを税引前当期純利益という。税引前当期純利益＝経常利益＋特別利益－特別損失となる。所有している土地や工場を会社の利益のために売却したり、事業のリストラや取引先の倒産による代金回収ができな

かったときの損失を加味したものである。

当期純利益

　当期純利益＝税引前当期純利益－法人税などの税金である。売上高から売上原価、販管費、営業外損益、特別利益を引いてきた数字から更に税金を引くことで、企業の最終的な利益となる。税金は利益に対して税率をかけるため、この数字が赤字であれば、利益はなく税金は 0 円となる。税引前当期純利益がプラスであればそれに法人税の税率をかけたものが税金となる。そして、税金を引いたものが当期純利益である。税率はその時の国の政策によって変わる。税率は、資本金や公益法人、普通法人などは利益が年 800 万円以下の部分は 15％ の税率、それ以上は 23.2％ の税率がかかり（令和 5 年 4 月現在）、そのほかにも各種法人の種類によって全く違う税率となる。

表 7-2-1：損益計算書の説明

(出所)佐伯、2011：p.44「図　損益計算書」に筆者加筆。

図 7-2-1：利益の種類

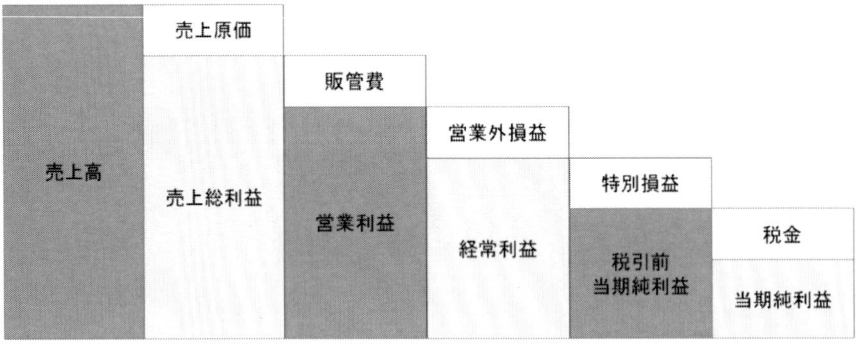

(出所)筆者作成

　図 7-2-1 では利益を 5 種類に分けてきたが、その 5 つの利益は大きく分類すると 3 つ(「事業活動からの利益」「事業活動と財務活動からの利益」「事業活動と財務活動と一時的な要因からの利益」)に分けられる(図 7-2-2 参照)。

　事業活動によって成り立つ「事業活動からの利益」の構成要素はうち、売上総利益と営業利益であり、財務活動によって得た「事業活動と財務活動からの利益」は経常利益である。また、一時的要因は、「事業活動と財務活動と一時的な要因からの利益」、つまりは税引前当期純利益と当期純利益をもたらす。示す。それぞれに分けて分析できるようになると企業がどこから利益を得ているかが理解できるようになる。例えば、本業は赤字であったが、土地を売却して最終的な当期純利益が 1 億円の場合と、本業は 1 億円の黒字で、その他の利益や損失などがほとんどなく当期純利益が 1 億円であった場合、財務諸表上は同じ利益である。ここで注意が必要なのは、前者の会社は、今期に土地を売ってしまっていて、本業が赤字であるならば、来期の利益

は赤字になる可能性が高い。前者と後者の会社とでは、同じ利益でも中身が全く異なり、次年度の財務内容が大きく異なることに注意が必要である。

図 7-2-2：損益計算書に書かれる利益

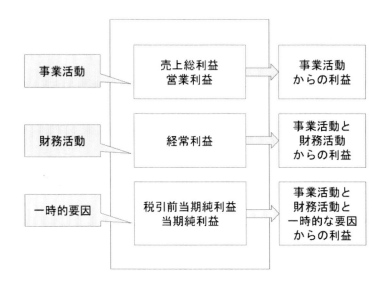

(出所)佐伯、2011、p.60「図　損益計算書に書かれる5つの利益」に筆者加筆。

ワーク3

損益計算書に5種類の(大きくは3分類の)利益が存在する理由と企業の利益を見るときの注意点など考えたことを200字から300字でまとめよ。

引用文献一覧

國貞克則(2016)『財務3表一体理解法』、朝日新聞出版。

小宮一慶(2009)『「1秒！」で財務諸表を読む方法(実践編)』、東洋経済新聞社。

佐伯良隆(2011)『知識ゼロでも2時間で決算書が読めるようになる！』、高橋書店。

第8章

志望企業の選定 II

　第7章、第8章、第9章、と3つの章に渡って志望企業の選定に取り組む。前章では、各自で会計情報や特筆すべき企業情報を利用して企業分析ができるようになるために、貸借対照表と損益計算書の見方について学んだ。その内容を踏まえて、四季報や有価証券報告書、アニュアルレポートなど企業の情報を得るのに有用な資料の解説とその読み方を学ぶ。なお、就職活動時に、志望企業から志望動機が必ず聞かれる。志望動機を自分の言葉で伝えて企業を説得するには志望企業の分析が前提となる。企業分析をこの点からも活かすことができる。

1．選定材料となる資料の概要
（1）『会社四季報』

　日本の株式市場に上場する全て企業の詳細を提供する投資雑誌であり、東洋経済新報社から年4回発行される。同誌の情報は、網羅性と継続性における長年の蓄積が特徴である。冊子での提供以外にオンライン版も存在するので両方を活用してほしい。その反面、非上場企業が多い中小企業の掲載が少ない。一部の中小企業に限られるが別冊の『就職四季報』のうち、優良中小企業版や未上場会社版などを利用して様々な情報を入手してほしい。『会社四季報』には、企業の所在地、設立、株価、財務情報、過去数年分の売上高比較、収益構成、今後の見通しなどが掲載されており（東洋経済新報社編、2022）、企業の概要を簡潔に捉えることが可能である。

（2）有価証券報告書

　有価証券報告書は、金融商品取引法におい て、証券市場を監督する金融庁が株式などの有価証券を発行する企業に対して開示を義務付けている法定開示書類である。年に一度、上場企業は有価証券報告書の作成を義務付けられている。事業年度終了後から3ヵ月以内に提出することが定められている。提出形式や記載項目は決められており、監査法人や公認会計士による監査も必要となる書類である。黒によるモノクロでの印刷であり、写真は掲載されないことも特徴の一つである。

　有価証券報告書は、投資家保護の観点から企業外部に位置付けられる投資家が投資に必要な情報を得るために監督省庁（金融庁）が定めた書式に基づいて上場企業が漏れなく情報を開示した書類である。また、統一した様式によって投資先企業の比較が容易になる。もしも各社違う様式で同報告書が作成されると基準が違ったり、読みにくかったり、企業に都合の良い情報のみ掲載するため、投資家に対して不利益が生ずるからである。企業から提供される一次資料であることから、

投資に限らず企業分析に有用である。

（3） アニュアルレポート

　アニュアルレポート(Annual Report)は、上場企業が投資家に投資判断を促すことを目的とした情報公開の一環として作成するIR ツールのひとつである。「年次報告書」とも呼ばれ、財務情報とともに、経営トップのメッセージや実施した事業の紹介などをまとめたものである。同レポートの特徴は、開示自由、形式自由、監査不要という点であり、多色刷りで写真入りで人目を惹き、見やすくわかりやすいように工夫されている。

（4） その他

　日本経済新聞電子版の企業情報コーナーである「日経会社情報 DIGITAL」も企業情報を探すのに利用できる(日本経済新聞、ウェブページ)、

　また、優良企業の探し方として、公的機関によって発信される情報(PDF ファイルやウェブページ)が存在する。例えば、『「はばたく中小企業・小規模事業者 300 社」・「はばたく商店街 30 選」2021』(経済産業省中小企業庁、2021) が PDF ファイルで、また、大阪の元気企業(ものづくりビジネスセンター大阪、2022)の企業検索などがある。

２．『会社四季報』の読み方

　『会社四季報』で確認できるものとして、図 8-2-1 での⑪株価チャートがある。株価はこれからの予想を反映している。株価が上がれば、当該企業が何らかプラス要因を抱えている可能性をも情報として読み取れる

　『会社四季報』では、その企業の業績予想とその根拠が記載されている。予想のために未確定事項ではあるが、例えば、その企業が如何なる理由で好調なのか、株価下落の原因がわかるため投資家各自の意思決定が可能になる。また、前章で学習した利益の種類を解説をしているため、前章を利用しながら『会社四季報』を活用してほしい。

　後述するが、業績予測の記事の中にはキーワードが存在し、見出しに「絶好調」「急回復」「最高益」「増額」のような企業の状況を表すキーワードが存在する。その業界の会社比較や従業員数・平均年齢・平均年収などが記載されているため、志望企業の理解が深まるはずである。

　『会社四季報』の構成を理解するために、赤い枠線で 12 ブロックに分けた(図 8-2-1 参照)(会社四季報編、2020、 p 19)。企業の特徴（①業種、②社名・本社住所等）、企業の主な所有者、（⑦株主）、経営を任された者（⑧役員・連結会社）の記載がある。続けて業績とそれに関する項目、つまりは、短期・中期業績（③記事、④業績数字）、前号の比較、会社予想比の利益修正率（⑤前号比修正矢印・会社予想比マーク）、配当額（⑥配当）、財務情報（⑨財務）が掲載されている。また、株式市場における事項として、株式市場の趨勢（⑩資本移動・株価推移など）⑪株価チャート）、株売買の判断基準（⑫株価指標）にも触れている。これら 12 の枠組みに沿って『会社四季報』を読み解くと、他企業との比較において違いが容易に把握できる。なお、利用にあたって全項目を確実に捉える必要はない。一部の各項目から企業を理解しつつ、項目を増やしてより正確に企業分析ができるようになってほしい。特に、③の記事や④業

績数字から読み始めることを勧める。

図 8-2-1：四季報の構成

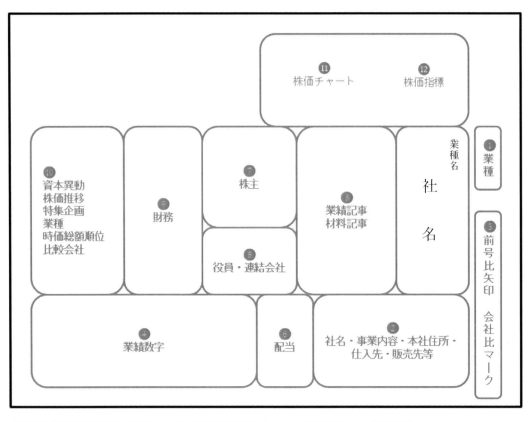

(出所)会社四季報編集部、2020、p. 19「四季報を 12 ブロックで読み解く」に筆者加筆。

ワーク1

　『会社四季報』からはどのような情報がわかるか。また、皆さんが必要な情報はどんな情報であろうか。200 字から 300 字程度でまとめなさい。

今説明した図8-2-1の④の業績数字についてさらに詳しく解説したい。この④に記載してある数字は、過去の実績・今来期の四季報予想四半期決算・企業の今期予想の順で記載がある。表8-2-1では、前章で学んだ5つの利益を活用し、その中で売上高・営業利益・経常利益・純利益の過去の実績を比較する。その後、「予」と記載しているものが四季報の予測の数字である。このように過去の実績との比較と四季報予測を踏まえ、どの企業が如何なる理由で業績予測しているのかを考察し、将来性のある志望企業を探してほしい。

表8-2-1：四季報業績の見方

【業績】 （百万円）	売上高	営業利益	経常利益	純利益	1株益(円)	1株配(円)
連 19.3	562,764	24,367	50,215	43,648	267.8	170
連 20.3	570,200	31,794	47,299	28,384	174.1	160
連 21.3	530,685	26,478	53,628	26,278	161.2	160
連 22.3	658,829	46,583	57,389	47,479	291.3	250
連 23.3	749,940	48,920	63,892	39,748	243.9	200
連 24.3 予	764,000	50,000	64,500	40,500	248.5	210
連 25.3 予	764,500	52,000	66,500	42,500	260.7	250
連 23.4~9	474,970	35,922	40,721	26,483	162.5	200
連 24.4~9 予	480,000	80,000	80,000	60,000	368.1	300
会 24.3 予	850,000	110,000	110,000	75,000		(23.4.25 発表)

（出所）　東洋経済新報社(2022)『会社四季報』を参考に筆者作成。

上述した『会社四季報』の業績予想を使って「表8-2-1：四季報業績の見方」を詳しく解説する。会社四季報編集部編(2020)『得する株をさがせ！会社四季報公式ガイドブック』(東洋経済新報社)によると、約150人の業界担当記者が『会社四季報』の業績予測をしており、企業の予想業績数字や記事を掲載している(同、p.24)。図8-2-1④業績数字、及びその拡大版である表8-2-1の業績を根拠に図8-2-1③業績記事・材料記事を予測する。図8-2-1③前半部は、業績欄で業績予想の根拠となる事業セグメント(業種や所属地域などの構成単位に売上高や利益やその他の財務情報を分別した情報)毎の販売動向と費用を解説している。

次に、図8-2-1③前半部記載の業績欄には見出しが存在する。過去の実績との比較を知ることができる。全てを読まずともこの見出しから企業の状態を読み取ることができる。図8-2-2は、図8-2-1③前半部業績欄で利用される直近の業績の傾向を示す言葉をまとめた「業績予想の見出し一覧」である。プラスイメージと中立的、マイナスイメージを中心に左右に寄るほど色が濃くなる。このうち、プラスイメージとマイナスイメージのキーワード、例えば、「一転黒字」「増益幅縮小」などの言葉が書いてあるが、これらの言葉で図8-2-1③前半部の業績欄で直近の業績の傾向が説明される。これらのプラス要素とマイナス要素を理解し企業の将来性を予測する。

『会社四季報』の見方が分かれば企業の特徴・業績予測からの将来性が理解できるようになる。この情報を使って就職活動時に面接やエントリーシートで聞かれる志望動機の一部を具体的な数字の根拠を元に考えることができるだろう。同じ業界に複数社企業があるのに、自社へなぜ就職を希望したいのかを自分の意見をもって語れることになる。

図 8-2-2：『会社四季報』の業績キーワードのイメージ図

マイナスイメージ									中立的			プラスイメージ										対象
大赤字	不透明	急落	急悪化	均衡圏	減収減益	下降	減益	微減益	横ばい	純化	底入れ	微増益	増益	好転	高水準	急回復	急拡大	連続増益	続伸	飛躍	絶好調	過去実績との比較（利益が対象）
大幅減益	ゼロ圏	急反落	続落	赤字続く	軟調	反落		小幅減益	下げ止まり	伸び悩み	底打ち	小幅増益	堅調	復調	好調	急反発	V字回復	大幅増益	急伸	最高益	連続最高益	
減配	減配	無配か	無配	無配続く		減配も	無配も					増配も	復配も	記念配				復配か	増配	増配か	連続増配	配当が対象
減益幅拡大	下振れ	減額	下方修正	大幅減益	一転赤字			増益幅縮小				減益幅縮小	一転黒字			大幅増額	増額	上方修正	上振れ	増益幅拡大	独自増額	四季報前号との比較（利益が対象）

(出所)会社四季報編集部編、2020、p. 29 「業績の見出し」に筆者加筆。

ワーク2

前章で学んだ利益の数字と結びつけると企業比較ができる。四季報業績からは何が理解できたか。200 字から 300 字程度でまとめよ。

今まで、企業情報を得るための資料となる『会社四季報』、有価証券報告書、そしてアニュアルレポートを説明してきた。そして、『会社四季報』を中心に企業の情報や特に注意する点も説明してきた。企業分析をすることによって、数字という根拠から企業を分析し、業績予測も含めて企業が現在如何なる状態であり、今後何処に向かうのか理解できるだろう。合わせて、自分の興味ある企業とその同業種の比較によって、自分なりの意見や志望動機が出てくるであろう。次のワークを通じて実際に比較をしてみよう。

ワーク3

　ウェブサイト「会社四季報オンライン」(東洋経済新報社、https://shikiho.toyokeizai.net/)を使い、この章で学んだことを含めて、各自興味ある企業を 2 社分析し、比較してみる。その比較から、どのような違いがあり、どのような理由でその企業に入りたいと考えたのかを記入すること。200 字から 300 字でまとめよ。

1) 自分の興味ある企業の分析 1 社目

2) 自分の興味ある企業の分析 2 社目(200 字から 300 字程度)

3) 何故、その企業に入りたいのか、企業分析から得た特徴から得た理由を記入せよ。

```
--------------------------------------------------------------------------------
--------------------------------------------------------------------------------
--------------------------------------------------------------------------------
--------------------------------------------------------------------------------
--------------------------------------------------------------------------------
--------------------------------------------------------------------------------
--------------------------------------------------------------------------------
--------------------------------------------------------------------------------
```

引用文献一覧

(日本語文献)

会社四季報編集部編(2020)『得する株をさがせ！会社四季報公式ガイドブック』、東洋経済新報社。

東洋経済新報社編(2022)『就職四季報 総合版 2022 年版』東洋経済新報社。

(ニュース/企業・団体ウェブページ/企業情報検索)

経済産業省中小企業庁編(2021)『「はばたく中小企業・小規模事業者 300 社」・「はばたく商店街 30 選」2021』(2021 年 12 月)、https://www.chusho.meti.go.jp/keiei/sapoin/monozukuri300sha/zenbun/2020habataku.pdf、（2023 年 7 月 15 日閲覧)。

東洋経済新報社(2021)『会社四季報』(デジタル 2021 秋)、東洋経済新報社。

東洋経済新報社、ウェブサイト「会社四季報オンライン」、https://shikiho.toyokeizai.net/ (2023 年 7 月 18 日閲覧)。

日本経済新聞社『日経会社情報 DIGITAL』(日本経済新聞電子版の企業情報検索コーナーとして)。

ものづくり支援センター大阪 ウェブページ「「大阪の元気！」ものづくり看板企業」、https://www.m-osaka.com/jp/service/takumi.html#search、(2023 年 7 月 15 日閲覧)。

第9章

志望企業の選定Ⅲ

　3つの章を通じて志望企業選定の取り組みをしてきた。企業分析の手段として第7章では貸借対照表、損益計算書の見方を、また、第8章では志望企業の選定材料となる資料の見方を学んだ。その後の選定過程として、特定の産業や企業に関心を持つこと、そこに勤めたいと思えること、更には、志望企業に接触して企業風土や仕事の実際などを理解する行動(インターンシップへの参加など)が挙げられよう。各々の取り組みは準備が異なるとともに、相手企業の接触は実質的な選考の序盤戦に位置しているケースでもあるために就職活動本番の序盤戦でもある。このため、本章ではワークを通じ、志望企業の選定に当たる、「特定の産業や企業に関心を持つこと」、一歩踏み込んで「そこに勤めたいと思えること」までのプロセスを提供したい。そのため、「東証33業種」を用いて志望業種・企業を絞る訓練をしていきたい。

1．東証業種別株価指数33業種

　東証業種別株価指数33業種(東証33業種)(表9-1-1)とは、東京証券取引所の株価指数(東証株価指数 TOPIX)を業種別に分類したものである。多くの企業が多角化して事業を複数抱えているため、企業の主事業や祖業で業種の分類がなされている。

表9-1-1：東証33業種

水産・農林業　鉱業　建設業　食料品　繊維製品　パルプ・紙　化学　医薬品石油・石炭製品　ゴム製品　ガラス・土石製品　鉄鋼　非鉄金属　金属製品　機械　電気機器　輸送用機器　精密機器　その他製品　電気・ガス業　陸運業　海運業　空運業　倉庫・運輸関連業　情報・通信業　卸売業　小売業　銀行業　証券,商品先物取引業　保険業　その他金融業　不動産業　サービス業

　この東証33業種を利用して業種別に如何なる企業が存在するのか理解に努める。東証33業種と産業分類別(第一次産業、第二次産業、第三次産業)と業種を併記した表を作成する。そしてそれら表への閲覧を通じて業種の産業別区分を明確にし、業種や属する企業の位置付けを際立たせたい。

　「産業別・業種別企業分類」表を作成する際に、日本標準産業分類に沿いながら業種と属する企業分類する。何故ならば、産業別区分の大元となっている Colin Grant Clark の産業分類では、鉱業が第一次産業、そして電気ガス業を第二次産業と分類するが、日本では鉱業を第二次産業に、電気ガス業を第三次産業に分類するからである。「産業別・業種別企業分類」に当たる表9-1-2、表9-1-3、表9-1-4の作成手順は、次のとおりである。

① 東証 33 業種を、Colin Grant Clark の産業分類別(第一次産業、第二次産業、第三次産業)から日本の慣例に従い鉱業を第二次産業に、電気・ガス業を第三次産業に分類した(日本標準産業分類に準拠)。

② 東京証券取引所(プライム、スタンダード、グロース、Pro Market)上場 3,901 社(優先株式も含めて二重表記された伊藤園を 1 社と数える)のうち東証プライム市場の 1,835 社を対象とし、A)業種の代表的企業、B)学生の皆さんがメディアでよく耳にするであろう企業を証券コード順に取り上げた(表 9-1-2、表 9-1-3、表 9-1-4 の「銘柄の抜粋」)

③各々の業種毎に③の基準で選んだ上場企業から、事業別分類や業界での地位別分類などを用いて「区分」を作成し、それらを概要及び企業リスト内での「区分」に記載した。「区分」作成に当たり、「会社四季報オンライン」の各企業トップページ情報の「特色」、「連結事業」両項目を利用した。証券コード順に先に出てくる銘柄が属する「区分」を順に並べた。

区分の例(輸送用機器の場合)

【自動車】日産自動車、トヨタ自動車、三菱自動車工業、マツダ、本田技研工業、スズキ、SUBARU、の【自動車】が区分である)。

③ 東証プライム市場では業種の構成が限られるため、表 9-1-2、表 9-1-3、表 9-1-4 の「概要」には一部の業種に「その他」と記し、丸括弧内に東証スタンダード市場上場で代表的な企業・よく知られている企業の「区分」をも記した。但し、業種全ての「区分」を表示してはいない。

次に「産業別・業種別企業分類」に当たる表 9-1-2、表 9-1-3、表 9-1-4 を順に見ていく。

表 9-1-2：第一次産業

※第一次産業：自然を直接的に利用(作物栽培、資源採取など)した産業

東証 33 業種	概要[1]	上場企業	
		企業数[2]	企業の抜粋(区分別でコード順で記載)
水産・農林業	水産業(漁業、養殖業)、農業(農産、畜産)、林業	12	【水産】極洋、ニッスイ、マルハニチロ、【農業】雪国まいたけ、ホクト、【種苗】サカタのタネ、

(注) 1. 企業の抜粋にて掲載した企業の事業別分類や業界での地位別分類などによる「区分」を掲載。「区分」の掲載順序は、抜粋した企業(銘柄)の証券コード順とする。一部業種では「その他」として、東証プライム市場に限らず東証スタンダード市場上場で代表的な企業・よく知られている企業の「区分」をも一部記すことで業種の構成の一層の理解を促す。 2. 企業数は 2023 年 7 月末時点。

(出所) 東京証券取引所(2023)「東証上場銘柄一覧」Excel ファイル(2023 年 7 月末)、東洋経済新報社、ウェブサイト「会社四季報オンライン」より作成。

表 9-1-3：第二次産業

※第二次産業：自然を利用して得たモノを原材料として加工した製品を生産する産業

東証 33 業種	概要 [1]	上場企業	
		企業数 [2]	企業の抜粋(区分別にコード順で記載)
鉱業	石炭、原油	6	【石炭】三井松島ホールディングス、【原油】INPEX、石油資源開発
建設業	大手ゼネコン、準大手ゼネコン、マンション、道路舗装、海上土木、住宅、電気設備工事、空調工事、エンジニアリング	163	【大手ゼネコン】大成建設、大林組、清水建設、鹿島建設、【準大手ゼネコン】戸田建設、熊谷組、五洋建設、【マンション】長谷工コーポレーション、【道路舗装】東亜道路工業、日本道路、【海上土木】東洋建設、【住宅】住友林業、大和ハウス工業、積水ハウス、【電気設備工事】中電工、関電工、きんでん、九電工、【空調工事】高砂熱学工業、【エンジニアリング】東洋エンジニアリング
食料品	製粉、飼料、精糖、菓子、製パン、洋菓子、米菓、スナック菓子、乳業、チーズ、乳酸系飲料、食肉、ハム・ソーセージ、ビール類、清酒・焼酎、みりん、総合飲料、油脂、しょうゆ、ソース、調味料、食品、マヨネーズ・ドレッシング・たれ、加工品、冷凍食品、即席麺、即席食品、たばこ	124	【製粉】ニップン、日清製粉グループ本社、昭和産業、【飼料】中部飼料、フィード・ワン、【精糖】DM 三井精糖ホールディングス、【菓子】森永製菓、江崎グリコ、寿スピリッツ、明治ホールディングス、【製パン】山崎製パン、【洋菓子】モロゾフ、【米菓】亀田製菓、【スナック菓子】カルビー、【乳業】森永乳業、【チーズ】六甲バター、【乳酸系飲料】ヤクルト本社、【食肉】日本ハム、【ハム・ソーセージ】丸大食品、伊藤ハム米久ホールディングス、【ビール類】サッポロホールディングス、アサヒグループホールディングス、キリンホールディングス、【清酒・焼酎・みりん】宝ホールディングス、【総合飲料】コカ・コーラ ボトラーズジャパンホールディングス、サントリー食品インターナショナル、伊藤園、【油脂】日清オイリオグループ、不二製油グループ本社、【しょうゆ】キッコーマン、【ソース】ブルドックソース、【調味料】味の素、【食品】ハウス食品グループ本社、【マヨネーズ・ドレッシング・たれ】キユーピー、【加工品】カゴメ、【冷凍食品】ニチレイ、【即席麺】東洋水産、日清食品ホールディングス、【即席食品】永谷園ホールディングス、【たばこ】日本たばこ産業
繊維製品	肌着、繊維、合成繊維、消防ホース、カーペット、総合アパレ	49	【肌着】グンゼ、アツギ、【繊維】東洋紡、ユニチカ、【合成繊維】帝人、東レ、【消防ホース】帝国繊維、【カーペッ

(繊維製品 続き)	ル		ト】住江織物、【総合アパレル】ワールド、三陽商会、オンワードホールディングス
パルプ・紙	製紙、段ボール、紙袋	24	【製紙】王子ホールディングス、日本製紙、大王製紙、【段ボール】レンゴー、【紙袋】ザ・パック
化学	総合化学、化学、合成樹脂、硝子、ソーダ、シリコン、テープ、トイレタリー、塗料、インキ、化粧品	213	【総合化学】旭化成、住友化学、三菱ケミカルグループ、【化学】UBE、【合成樹脂】クラレ、【ソーダ】東ソー、【硝子】セントラル硝子、【シリコン】トクヤマ、【テープ】ニチバン、【トイレタリー】花王、ライオン、【塗料】日本ペイントホールディングス、関西ペイント、【インキ】DIC、【化粧品】資生堂、マンダム、コーセー
医薬品	製薬、目薬、漢方薬、検査薬、その他(ジェネリック、試薬、創薬ベンチャーなど)	76	【製薬】武田薬品工業、アステラス製薬、エーザイ、久光製薬、第一三共、大塚ホールディングス、【目薬】ロート製薬、参天製薬、【漢方薬】ツムラ、【検査薬】栄研化学
石油・石炭製品	石油・石炭製品	10	【石炭製品】日本コークス工業、【石油製品】出光興産、ENEOSホールディングス、コスモエネルギーホールディングス、
ゴム製品	ゴム製品	18	【ゴム】横浜ゴム、ブリヂストン、住友ゴム工業
ガラス・土石製品	ガラス、セメント、炭素製品、研削砥石、衛生陶器、ガイシ	54	【ガラス】AGC、日本板硝子、【セメント】住友大阪セメント、太平洋セメント、【炭素製品】東海カーボン、日本カーボン、【研削砥石】ノリタケカンパニーリミテド、【衛生陶器】TOTO、日本特殊陶業、【ガイシ】日本碍子
鉄鋼	高炉、電炉、特殊鋼、ステンレス	42	【高炉】日本製鉄、神戸製鋼所、JFEホールディングス、【電炉】東京製鐵、共英製鋼、【特殊鋼】大同特殊鋼、山陽特殊製鋼、愛知製鋼、【ステンレス】日本冶金工業
非鉄金属	アルミニウム、非鉄金属、亜鉛・鉛、チタン、銅、電線、ケーブル、ダイカスト	35	【アルミニウム】日本軽金属ホールディングス、【非鉄金属】三井金属鉱業、三菱マテリアル、住友金属鉱山、【亜鉛・鉛】東邦亜鉛、【チタン】大阪チタニウムテクノロジーズ、東邦チタニウム、【銅】古河機械金属、【電線】古河電気工業、住友電気工業、フジクラ、【ダイカスト】リョービ
金属製品	缶、石油暖房機器、シャッター、住宅用サッシ、住宅設備、石油給湯器、ガス器具、石油ファンヒーター、ブラインド、その他	90	【缶】東洋製罐グループホールディングス、【石油暖房機器】ノーリツ、【シャッター】三和ホールディングス、文化シヤッター、【住宅用サッシ】三協立山、【住宅設備】LIXIL、【石油給湯器】長府製作所、【ガス器具】リンナイ、

（金属製品 続き）	（足場、カーテンレールなど）		【ブラインド】立川ブラインド工業
機械	建設機械、農業機械、ミシン、釘打ち機、業務用冷凍冷蔵庫、ベアリング、電動工具、造船・舶用機器、重工メーカー、その他(産業用ロボット、食品成形機など)	223	【建設機械】小松製作所、日立建機、【農業機械】井関農機、クボタ、【ミシン】JUKI、ジャノメ、【釘打ち機】マックス、【業務用冷凍冷蔵庫】大和冷機工業、【ベアリング】NTN、【電動工具】マキタ、【造船・舶用機器】日立造船、【重工メーカー】三菱重工業、IHI
電気機器	重電、エレクトロニクス、信号、火災報知設備、AV機器、半導体関連、電子部品、事務機、調理用家電	243	【重電】日立製作所、東芝、三菱電機、富士電機、明電舎、【エレクトロニクス】日本電気、富士通、【信号】日本信号、京三製作所、【火災報知設備】能美防災、ホーチキ、【AV機器】ソニーグループ、【半導体関連】ローム、東京エレクトロン、【電子部品】京セラ、村田製作所、【事務機】キヤノン、リコー、【調理用家電】象印マホービン
輸送用機器	フォークリフト、自動車部品、鉄道車輌、自動車、トラック、	90	【フォークリフト】豊田自動織機、【自動車部品】デンソー、アイシン、【鉄道車輌】川崎重工業、日本車輌製造、【自動車】日産自動車、トヨタ自動車、三菱自動車工業、マツダ、本田技研工業、スズキ、SUBARU、【トラック】いすゞ自動車、
精密機器	医療機器、分析・計測機器、水道メーター、光学機器、コンタクトレンズ、時計	49	【医療機器】テルモ、ニプロ、【分析・計測機器】島津製作所、【水道メーター】愛知時計電機、【光学機器】ニコン、オリンパス、【コンタクトレンズ】シード、メニコン、【時計】シチズン時計
その他製品	ドア、ベッド、筆記具、玩具、印刷、スポーツ用品、楽器、システムキッチン、事務用品、ゲーム機	109	【ドア】ニホンフラッシュ、【ベッド】フランスベッドホールディングス、【筆記具】パイロットコーポレーション、三菱鉛筆、【玩具】タカラトミー、【印刷】凸版印刷、大日本印刷、共同印刷、【スポーツ用品】アシックス、美津濃、【楽器】ローランド、ヤマハ、河合楽器製作所、【システムキッチン】クリナップ、【事務用品】キングジム、コクヨ、【ゲーム機】任天堂

(注) 1. 企業の抜粋にて掲載した企業の事業別分類や業界での地位別分類などによる「区分」を掲載。「区分」の掲載順序は、抜粋した企業(銘柄)の証券コード順とする。一部業種では「その他」として、東証プライム市場に限らず東証スタンダード市場上場で代表的な企業・よく知られている企業の「区分」をも一部記すことで業種の構成の一層の理解を促す。 2. 企業数は2023年7月末時点。

(出所) 東京証券取引所(2023)「東証上場銘柄一覧」Excelファイル(2023年7月末)、東洋経済新報社、ウェブサイト「会社四季報オンライン」より作成。

表 9-1-4：第三次産業

※第三次産業：第一次、第二次産業に属さない産業

東証 33 業種	概要	上場企業	
		企業数注	企業の抜粋(区分別にコード順で記載)
電気・ガス業	電気、ガス、水	25	【電気】東京電力ホールディングス、中部電力、関西電力、電源開発、【ガス】東京瓦斯、大阪瓦斯、東邦瓦斯、【水】メタウォーター
陸運業	物流一括受託、鉄道、総合物流、宅配便事業、引っ越し、路線トラック、その他(企業物流、タクシー、バスなど)	62	【物流一括受託】SBS ホールディングス、ハマキョウレックス、【鉄道】東急、小田急電鉄、東日本旅客鉄道、西日本旅客鉄道、東海旅客鉄道、近鉄グループホールディングス、阪急阪神ホールディングス、南海電気鉄道、京阪ホールディングス、【総合物流】鴻池運輸、NIPPON EXPRESS ホールディングス、【引っ越し】サカイ引越センター、【宅配便事業】ヤマトホールディングス、SG ホールディングス、【路線トラック】福山通運、セイノーホールディングス
海運業	海運会社	11	【海運】日本郵船、商船三井、川崎汽船
空運業	航空会社	6	【航空会社】日本航空、ANA ホールディングス
倉庫・運輸関連業	物流センターの一括受託、国際物流、倉庫、埠頭、港湾運輸、その他(総合物流など)	37	【物流センターの一括受託】トランコム、【国際物流】日新、【倉庫】三菱倉庫、三井倉庫ホールディングス、住友倉庫、日本トランスシティ、【埠頭】東洋埠頭、【港湾運輸】上組
情報・通信	ネットセキュリティ、ゲーム会社、総合研究所、ネットサービス、情報サービス、情報配信、放送、総合通信、通信会社、出版、映画、システムインテグレーション、その他(IT コンサル、アニメーション制作、ソフトウェア開発、ネット広告、ネットマーケティング調査、など)	601	【ネットセキュリティ】デジタルアーツ、トレンドマイクロ、【ゲーム会社】グリー、コーエーテクモホールディングス、ガンホー・オンライン・エンターテイメント、スクウェア・エニックス・ホールディングス、【総合研究所】三菱総合研究所、【ネットサービス】Z ホールディングス、【情報サービス】大塚商会、【情報配信】ウェザーニューズ、【放送】WOWOW、TBS ホールディングス、日本テレビホールディングス、テレビ朝日ホールディングス、テレビ東京ホールディングス、【総合通信】日本電信電話、KDDI、ソフトバンクグループ、【通信会社】ソフトバンク、【出版】KADOKAWA、学研ホールディングス、【映画】松竹、東宝、東映、【システム インテグレーション】NTT

(情報・通信 続き)			データグループ
卸売業	総合商社、及び食品、日用品、医薬品、繊維、電子・IT、製紙、鉄鋼などを取り扱う専門商社など	315	【食品】伊藤忠食品、【日用品】あらた、【総合商社】双日、伊藤忠商事、丸紅、豊田通商、三井物産、住友商事、三菱商事、【医薬品】アルフレッサ ホールディングス、メディパルホールディングス、【繊維】蝶理、【電子・IT】兼松、【製紙】日本紙パルプ商事、【鉄鋼】神鋼商事、阪和興業、
小売業	コンビニ、ドラッグストア、衣料品、外食、家電量販店、スーパー、ホームセンター、百貨店、喫茶店、流通グループ、雑貨、ディスカウント店、その他(古書店、ビジネスソフト販売など)	351	【コンビニ】ローソン、【ドラッグストア】マツキヨココカラ&カンパニー、ウエルシアホールディングス、クリエイトSDホールディングス、ツルハホールディングス、【衣料品】アダストリア、ユナイテッドアローズ、【外食】くら寿司、すかいらーくホールディングス、ゼンショーホールディングス、【家電量販店】エディオン、ビックカメラ、【スーパー】ハローズ、イオン、【ホームセンター】DCMホールディングス、【百貨店】J.フロント リテイリング、三越伊勢丹ホールディングス、高島屋、エイチ・ツー・オー リテイリング、【喫茶店】ドトール・日レスホールディングス、【流通グループ】セブン&アイ・ホールディングス、【雑貨】良品計画、【ディスカウント店】パン・パシフィック・インターナショナルホールディングス
銀行業	銀行、銀行持ち株会社、信託銀行、地方銀行、ネット銀行、第二地方銀行	80	【銀行】ゆうちょ銀行、【銀行持ち株会社】三菱UFJフィナンシャル・グループ、りそなホールディングス、三井住友フィナンシャルグループ、みずほフィナンシャルグループ、【信託銀行】三井住友トラスト・ホールディングス、【地方銀行】千葉銀行、【ネット銀行】セブン銀行、【第二地方銀行】トモニホールディングス
証券業、先物商品取引業	ベンチャーキャピタル、証券	41	【ベンチャーキャピタル】ジャフコ グループ、【証券】大和証券グループ本社、野村ホールディングス、
保険業	生命保険、損害保険	14	【生命保険】かんぽ生命保険、第一生命ホールディングス【損害保険】SOMPOホールディングス、MS&ADインシュランスグループホールディングス、東京海上ホールディングス
その他金融業	クレジットカード、リース、貸借取引業務、消費者金融、信販	35	【クレジットカード】クレディセゾン、【リース】芙蓉総合リース、みずほリース、東京センチュリー、オリックス、三菱HCキャピタル、【貸借取引業務】日本証券金融

不動産業	オフィスビル、マンション、不動産、分譲住宅、空港	156	【オフィスビル】ヒューリック、【マンション】野村不動産ホールディングス、【不動産】東急不動産ホールディングス、三井不動産、三菱地所、住友不動産、【分譲住宅】飯田グループホールディングス、【空港】空港施設、日本空港ビルデング
サービス業	その他上記のカテゴリーに入らないもの全て。例えば、SNS、経営コンサル、人材総合サービス、警備、ネットサービス、広告代理店、清掃用具レンタル、エンタメ・興行会社、通信教育	537	【SNS】MIXI、【経営コンサル】日本 M&A センターホールディングス、【人材総合サービス】パソナグループ、パーソルホールディングス、リクルートホールディングス、【警備】総合警備保障、セコム【ネットサービス】カカクコム、【広告代理店】博報堂ＤＹホールディングス、電通グループ、【清掃用具レンタル】ダスキン、【エンタメ・興行会社】ラウンドワン、【通信教育】ベネッセホールディングス

(注) 1. 企業の抜粋にて掲載した企業の事業別分類や業界での地位別分類などによる「区分」を掲載。「区分」の掲載順序は、抜粋した企業(銘柄)の証券コード順とする。一部業種では「その他」として、東証プライム市場に限らず東証スタンダード市場上場で代表的な企業・よく知られている企業の「区分」をも一部記すことで業種の構成の一層の理解を促す。 2. 企業数は 2023 年 7 月末時点。

(出所) 東京証券取引所(2023)「東証上場銘柄一覧」Excel ファイル(2023 年 7 月末)、東洋経済新報社、ウェヴサイト「会社四季報オンライン」より作成。

２．志望産業・企業の選定

　第 1 節にて「産業別・業種別企業分類」を行なった表 9-1-2、表 9-1-3、表 9-1-4 の「企業の抜粋」にて上場企業の一覧を示した。同一覧を利用し、あなたが関心を持った業種と企業を明らかにしていくとともに、あなたの志望先企業に関する傾向を把握しよう。そのため、次の 2 つのワークに取り組んでもらう。

ワーク1

　あなたの関心度に基づいて、「表ワーク 1a：東証 33 業種を利用した自身の就職先の探し方」の 3 区分「関心がある」、「分からない」、「関心が無い」のいずれかに、「表ワーク 1b：東証 33 業種」記載の業種名を記載せよ。関心がある業種についてはその中で最も関心がある企業名をも業種の後に括弧付きで記載せよ(例：水産・農林業[サカタのタネ])。なお、関心ある企業を絞り込む際に、就職四季報、有価証券報告書、アニュアルレポートを利用して企業研究しよう。

表ワーク 1a：東証 33 業種を利用した自身の就職先の探し方

関心がある	分からない	関心が無い

表ワーク 1b：東証 33 業種

(第一次産業)	水産・農林業
(第二次産業)	鉱業　建設業　食料品　繊維製品　パルプ・紙　化学　医薬品石油・石炭製品　ゴム製品　ガラス・土石製品　鉄鋼　非鉄金属　金属製品　機械　電気機器　輸送用機器　精密機器　その他製品
(第三次産業)	電気・ガス業　陸運業　海運業　空運業　倉庫・運輸関連業　情報・通信業　卸売業　小売業　銀行業　証券、商品先物取引業　保険業　その他金融業　不動産業　サービス業

ワーク1の記入例1

関心がある	分からない	関心が無い
電気・ガス業(関西電力、大阪ガス) 銀行業(りそな銀行)	水産・農林業　輸送用機器　精密機器　その他製品　陸運業　空運業　海運業　倉庫・運輸関連業　情報・通信業　卸売業　小売業　証券、商品先物取引業　保険業　その他金融業　不動産業、サービス	鉱業　建設業　食料品　繊維製品　パルプ・紙　化学　医薬品　石油・石炭製品　ゴム製品　ガラス・土石製品　鉄鋼　非鉄金属　金属製品　機械　電気機器

```
        ↑                                          ↑
┌─────────────────────┐            ┌─────────────────────┐
│ ・インフラ企業        │            │ ・B to B(Business to Business) │
│ ・よく知られている大企業 │            │ ・製造業、特に素材系企業が目に │
│  →安定、ネームバリュー │            │  つきやすい。          │
└─────────────────────┘            └─────────────────────┘
```

ワーク1の記入例2

関心がある	分からない	関心が無い
パルプ・紙(日本製紙) 強い関心があるわけではない。	水産・農林業　鉱業　建設業　食料品　繊維製品　　化学　医薬品　石油・石炭製品　ゴム製品　ガラス・土石製品　鉄鋼　非鉄金属　金属製品　機械　電気機器　輸送用機器　精密機器　その他製品　電気・ガス業　陸運業　海運業　空運業　倉庫・運輸関連業　情報・通信業	卸売業　小売業　銀行業　証券、商品先物取引業　保険業　その他金融業　不動産業　サービス業

全く絞りきれていないと一見見える→一歩前進したとポジティブに考えよう。33業種のうち、関心が無い産業が8つ「も」あり、「わからない」産業も含めて25産業から選択できる、と考えてほしい。

70

ワーク2

　関心がある業種の傾向について共通の特徴を分析して記載するとともに、何故これらの業種に関心を持ったのか、分かる範囲で回答せよ。

```
----------------------------------------------------------------
----------------------------------------------------------------
----------------------------------------------------------------
----------------------------------------------------------------
----------------------------------------------------------------
----------------------------------------------------------------
----------------------------------------------------------------
```

3．キャリアプラン表の作成

　これまでの章で理解したあなた自身の情報を踏まえて、学生の本分たる学業やゼミ選びなどのスケジュールに則ったかたちで、あなたが志望する企業から内々定・内定を貰い、入社するための計画を立ててもらう。そのための用意した、キャリアプラン表の作成を含めた次の3つのワークに取り組もう。

ワーク3

　就きたい職業(決めていない人は想定した職業)、なりたい自分について、200字から300字で説明せよ。

```
----------------------------------------------------------------
----------------------------------------------------------------
----------------------------------------------------------------
----------------------------------------------------------------
----------------------------------------------------------------
----------------------------------------------------------------
----------------------------------------------------------------
```

ワーク4

　就きたい職業(決めていない人は想定した職業)・なりたい自分について、希望を叶えるためには、この大学生活で何をしなくてはいけないのか。大学での取り組みと大学外での取り組みで考えていることを、200字から300字以上で簡潔に記述せよ。(注)いつまでに、何をするのか、を意識して記述すること。

```
--------------------------------------------------------------------
--------------------------------------------------------------------
--------------------------------------------------------------------
--------------------------------------------------------------------
--------------------------------------------------------------------
--------------------------------------------------------------------
--------------------------------------------------------------------
--------------------------------------------------------------------
```

MEMO

ワーク5

1年生後期以降のキャリアプランについて、以下の表に必要な情報を記入して明確にせよ。

学年		目標	希望総単位数 (修了時を基準)	履修希望の主な 科目名	取得希望の資格/受 験希望の検定試験	その他取り組みたいこと
現在			現単位数 単位		取得済資格・受験済検定試験	
1 年	後期					
2 年	前期					
	後期					
3 年	前期					
	後期					
4 年	前期					
	後期					

引用文献一覧

東京証券取引所(2023)「東証上場銘柄一覧」Excel ファイル(2023 年 7 月末)、東京証券取引所 Web ペー
　ジ「その他統計資料　東証上場銘柄一覧」、https://www.jpx.co.jp/markets/statistics-equities/misc/01
　.html、(2023 年 8 月 6 日閲覧)。

東洋経済新報社、ウェブサイト「会社四季報オンライン」、https://shikiho.toyokeizai.net/ (2023 年 8 月
　6 日閲覧)。

第10章

インターンシップ

就職活動本番に入る前に、企業はインターンシップを実施する。インターンシップとは就業体験を指す。この就業体験を有意義にするために、如何なることに気を付ければよいのか。本章では、インターンシップの見つけ方、心構え、参加するための準備など事例を交えながら説明する。

1．インターンシップとは

あなたは就職への準備の時点で、インターンシップという言葉に何度も出くわすことであろう。このインターンシップとは何を指すのであろうか。インターンシップを端的に表すならば、「学生が在学中に自らのキャリア形成のために就業体験を行うこと」である。大学教育を所管している2省、そして企業を所管している1省、つまり、文部科学省、厚生労働省、経済産業省は『インターンシップを始めとする学生のキャリア形成支援に係る取組の推進に当たっての基本的考え方』(2022年)において、キャリア形成におけるインターンシップの位置付けを次のように説明している。「大学等におけるインターン

シップを始めとする学生のキャリア形成支援に係る産学協働の取組(以下、「キャリア形成支援に係る取組」と呼称)は、大学等での学修と社会での経験を結びつけることで、学修の深化や学習意欲の喚起、職業意識の醸成などにつながるものであり、その教育的効果や学生のインターンシップを始めとするキャリア形成支援における効果が十分に期待できる重要な取組である」(同、p.1)。

キャリア形成支援として重要な手段となるインターンシップは、「学生のキャリア形成支援に係る産学協働の取組み」の四つの類型のうち、タイプ3及びタイプ4がインターンシップであるとされる(表10-1-1参照)。

学生のキャリア形成支援に係る産学協働の取組の四つの類型
　　タイプ1 オープン・カンパニー
　　タイプ2 キャリア教育
　　タイプ3 汎用型能力・専門活用型インターンシップ
　　タイプ4 高度専門型インターンシップ(試行)」
　　　　　(文部科学省、厚生労働省、経済産業省、同、p.1)。

表 10-1-1：キャリア形成の類型と主な特徴

Ⅲ．採用・インターンシップ	学生のキャリア形成支援における産学協働の取組み 各類型の特徴

(1) タイプ1〜4はキャリア形成支援の取組みであって、採用活動ではない。学生は改めて採用選考のためのエントリーが必要
(2) タイプ1〜4からなる学生のキャリア形成支援は、産学が協働しながら、それぞれを推進していくことが重要
(3) 今回、政府が定める現行の「就職日程ルール」を前提に検討
(4) インターンシップ（タイプ3・4）に参加できる学生数は、就活予定者の一部（入社就職先でのインターンシップ参加経験がなくても、採用選考へのエントリーは可能）学生等への周知が重要
(5) タイプ3は、産学協議会が定める基準（下表の★）を満たす場合に、「産学協議会基準に準拠したインターンシップ」と称する（準拠マークを付すこと可）
(6) 各タイプの活動を通じて取得した学生情報を採用活動に活用することについて、「タイプ1・2は活用不可」「タイプ3・4は採用活動開始以降に限り活用可」

類型	取組みの性質	主な特徴
タイプ1：オープン・カンパニー ※オープン・キャンパスの企業・業界・仕事版	個社・業界の情報提供・PR	● 主に、企業・就職情報会社や大学キャリアセンターが主催するイベント・説明会を想定 ● 学生の参加期間（所要日数）は「超短期（単日）」。就業体験は「なし」 ● 実施時期は、時間帯やオンラインの活用など学業両立に配慮し、「学士・修士・博士課程の全期間（年次不問）」 ● 取得した学生情報の採用活動への活用は「不可」
タイプ2：キャリア教育	教育	● 主に、企業がCSRとして実施するプログラムや、大学が主導する授業・産学協働プログラム（正課・正課外を問わない）を想定 ● 実施時期は、「学士・修士・博士課程の全期間（年次不問）」。但し、企業主催の場合は、時間帯やオンラインの活用など、学業両立に配慮 ● 就業体験は「任意」 ● 取得した学生情報の採用活動への活用は「不可」
タイプ3：汎用的能力・専門活用型インターンシップ	◆就業体験 ◆自らの能力の見極め ◆評価材料の取得	● 主に、企業単独、大学が企業あるいは地域コンソーシアムと連携して実施する、適性・汎用的能力ないしは専門性を重視したプログラムを想定 ● 学生の参加期間（所要日数）について、汎用的能力活用型は短期（5日間以上）、専門活用型は長期（2週間以上）★ ● 就業体験は「必ず行う（必須）」。学生の参加期間の半分を超える日数を職場で就業体験 ★ ● 実施場所は、「職場（職場以外との組み合わせも可）」（テレワークが常態化している場合、テレワークを含む） ● 実施時期は、「学部3年・4年ないしは修士1年・2年の長期休暇期間（夏休み、冬休み、入試休み・春休み）」「大学正課および博士課程は、上記に限定されない」★ ● 無給が基本。但し、実態として社員と同じ業務・働き方となる場合は、労働関係法令の適用を受け、有給 ● 就業体験を行うにあたり、「職場の社員が学生を指導し、インターンシップ終了後にフィードバック」★ ● 募集要項等において、必要な情報開示を行う★ ● 取得した学生情報の採用活動への活用は、「採用活動開始以降に限り、可」 ● ★の基準を満たすインターンシップは、実施主体（企業または大学）が基準に準拠している旨宣言したうえで、募集要項に産学協議会基準準拠マークを記載可
タイプ4（試行）：高度専門型インターンシップ ※試行結果を踏まえ、今後判断	◆就業体験 ◆実践力の向上 ◆評価材料の取得	● 該当する「ジョブ型研究インターンシップ（文科省・経団連が共同で試行中）」「高度な専門性を重視した修士課程学生向けインターンシップ（2022年度にさらに検討）」は、大学と企業が連携して実施するプログラム ● 就業体験は「必ず行う（必須）」 ● 取得した学生情報の採用活動への活用は、「採用活動開始以降に限り、可」

（出所）採用と大学教育の未来に関する産学協議会、2022、p.33「【図表Ⅲ-5：学生のキャリア形成支援における産学協働の取組み 各類型の特徴】」。

このタイプ3及び タイプ4、つまり、インターンシップを「学生がその仕事に就く能力が自らに備わっているかどうか（自らがその仕事で通用するかどうか）を見極めることを目的に、自らの専攻を含む関心分野や将来のキャリアに関連した就業体験(企業の実務を経験すること)を行う活動（但し、学生の学修段階に応じて具体的内容は異なる）」と定義された」(文部科学省、厚生労働省、経済産業省、同、p.1)機会であると位置付けている。

インターンシップを通じ、学生が得るものは次のとおりである。学生が今までに勉強した自分の専門性を自覚し、それをキャリアに結び付けられるようになること、である。また、学生が就業体験をすることによって、仕事のミスマッチを防ぎ、長期的なキャリア形成が望めるのかを考える機会を得ることができることである。これらを得ることを意識づけてのインターンシップ参加がキャリア形成に対して効果的である。

表 10-1-1「キャリア形成の類型と主な特徴」を通じ、タイプ3とタイプ4の詳細について見ていくことにしよう。

（1）タイプ3

表 10-1-1 の類型には、汎用的能力・専門活用型インターンシップとの記述がある。つまり、学生が3年次になる頃には、各自が培った専門性が行動に現れることを想定している。そこで企業との接点を設けることで学生は職業体験を通じてその職業における日常的に取り組まれる仕事(ルーチンワーク)とのギャップを埋めることが期待される。その前提として、学生にはそれらの仕事を受け

るためにある程度の専門性を持っていることが必要である。インターンシップは各社で実施日数を自由に設定できるために、半日や1日、3日、1週間など、企業によって異なる。また、各社が大学との連携で進めるケースも存在する。ただし、時間が短いインターンシップ、例えば、半日や1日では、就業体験で得られるものも限られるため、インターンシップに参加したことに対する評価も限られたものと位置付けられる。せめて1週間以上の就業体験をする必要があるだろう。学生は体験するだけではなく、企業からの簡単な評価などフィードバックを得ることもある。その評価は、日々行われることもあれば、最終日、あるいは後日郵送にて送付されてくることもある。複数社のインターンシップに参加し、就業体験や評価などを通じてその企業や属する産業を理解し、職業選択を容易にしよう。そのためにも、時間のある限り様々な企業のインターンシップに参加して欲しい。

（2）タイプ4

タイプ4については、高度専門型インターンシップと呼称されており、令和4年[2022年]度から開始された、試行段階のインターンシップである。特殊な技能や能力をもった学生に向けて設定された就業体験の機会であり、上述したタイプ3よりも高度な職業体験を行うことで、キャリア形成支援を図る目的がある。なお、就業体験を行い、フィードバックを行うことはタイプ3と同じである。

上の表 10-1-1 を見て、インターンシップが何故必要なのか、200 字から 300 字でまとめよ。

```
---------------------------------------------------------------
---------------------------------------------------------------
---------------------------------------------------------------
---------------------------------------------------------------
---------------------------------------------------------------
---------------------------------------------------------------
---------------------------------------------------------------
---------------------------------------------------------------
```

　職に関するミスマッチを防ぎ、将来のキャリア形成を考えるにあたって不安を払拭し、専門性をさらに伸ばしたいと考えるには、実際に就業体験を行うしかない。以下の事例は学部 3 年生の時点で明確に将来を考え、不安が解消された結果、日商簿記検定 2 級を取得するという動機付けが行われ、スムーズに会計事務所での職を選んだ例である。

・就業体験の一例

　大学 2 年次に日商簿記検定 3 級を取得した学生 A は、会計事務所に興味を持ったために、某会計事務所のインターンシップに参加した。当初、学生 A は、会計事務所が堅苦しいところと考えており、また、同検定 3 級相当の知識で会計事務所のインターンシップに参加することが不安で、当日まで緊張していた。実際のインターンシップでは、事務所概要や業務の説明を受けた後、実際の会計ソフトに触れて仕訳を行った。インターンシップ最終日には、決算書作成を会計事務所の所員から教わるだけではなく、顧客との打ち合わせにも同席した。インターンシップ終了後の学生 A の感想からは、所員が丁寧に仕事を教えてくれ、不安が解消した旨が伝わった。

　インターンシップの成果として、日商簿記検定 3 級の保有に留まっても同インターンシップへの参加によって仕訳ができるようになった。また、実際の会計事務所の仕事内容や社内の雰囲気も理解することができた。顧客との打ち合わせと同席できたことによって、顧客に経営相談や雑談を行い、社員が顧客と楽しそうに打合せをしている姿を見て、社会の役に立っていると感じた。これらのことから、学生 A はインターンシップに参加してよかったと述べている。

　その後、日商簿記検定 2 級を取得し、地元の会計事務所に就職を目指して頑張っている。現在は税理士を目指して日々試験勉強に努めている。

上記の例を参考に、あなたがインターンシップで不安に思っていること、期待していることは何であろうか。200字から300字でまとめよ。

```
---------------------------------------------------------------
---------------------------------------------------------------
---------------------------------------------------------------
---------------------------------------------------------------
---------------------------------------------------------------
---------------------------------------------------------------
---------------------------------------------------------------
```

２．　インターンシップ先の見つけ方

　本書では、キャリアに関する基礎知識や考え方を培い、自分を顧み、そして就きたい職業の発見や志望企業の選定などに取り組んできた。おそらくあなたは大体の方向性が決まったであろう。これからはインターンシップ実施先を見つけることにも注力するであろう。中には、インターンシップ実施先の企業をどのように見つければ良いのか悩む学生もいるかもしれない。このため、本節ではインターンシップ実施先の見つけ方について言及する。

　インターンシップ実施先の見つけ方は、主に次の３つを取り上げることができる。**①大学就職課からの情報**、**②企業ホームページからの情報**、**③就職エージェントからの情報**である。

　「**①大学就職課からの情報**」について、その大学の学生を採用したいと考えている地元の企業からのインターンシップ情報を多く抱えている場合がある。積極的にあなたが所属する大学を採用したい企業であるた

め、その企業からの当該情報は所属大学の就職課に集まる。このため、大学就職課にまめに顔を出して当該情報の新たなアップデートがないのか、チェックをしてほしい。今までの大学の実績や先輩方の働きによりその大学の学生を積極的に採用したいと思っている企業でもあることから、とても協力的であり、充実したインターンシップも準備し、採用に結びつきやすいであろう。

　「**②の企業ホームページからの情報**」は、企業ホームページにインターンシップなど求人専用サイトを設け、不特定多数の大学生向けに情報を提供する目的から発信されている。同ホームページからインターンシップに関する情報を取得するのみならず、参加応募もできる。この情報提供方式は、就職希望の企業のインターンシップに行きたいと願っている学生がピンポイントに同インターンシップを探すには都合が良い情報発信でもある。但し、インターンシップ参加の募集開始日やその締め切り日の確認のために、4月以降頻繁に企業のサイトを閲覧して確認

しておかないとインターンシップ参加申し込みの機会を逸することになりかねない。

「③就職エージェントからの情報」については、リクナビやマイナビのような就職斡旋会社が設けた就活サイトや各種機会によって得られる情報を指す。最初にあなたの情報を登録した上で、関心ある業界・職種を検索してインターンシップ先を探す方法である。就職エージェントを通じた情報入手を行うメリットは、全国的に業種を超えて募集企業を網羅しているために他企業との差別化や比較が容易な点にある。多くの情報があり、また毎日更新されるため、頻繁にチェックして関心がある企業に応募しよう。

インターンシップに関する情報の入手とそれによる選択方法がいかなるものであっても、インターンシップには参加すべきである。インターンシップを通じ、将来の社員として好ましい参加者には企業から採用候補者として注目を受けることになり、採用過程で大きな差し障りがなければ『あなた採用することを考えている』と伝えられたり、早期選考プロセスへの参加を促されることがある。その反対に、適切な時期に情報を得ることができずにインターンシップの参加応募の機会を見逃してしまった場合には、そういった fast track の機会を得ることができず、狭き採用試験の道を進むことになるだろう。学生の皆さんには、積極的なインターンシップへの参加を期待したい。

ワーク3

あなたが希望する企業のインターンシップに申し込むにはどのように申し込めば良いのであろうか。申し込み方法を200字から300字でまとめよ。

※実際に就職エージェントのサイトを閲覧しながら考えてみよう。

3．インターンシップの形態と参加への心構え

インターンシップは、①会社説明・セミナー型、②プロジェクト型、③就業型、に分類できる。①会社説明・セミナー型については、主に会社説明などで実施される形態である。大企業では、志望する人数も多く1週間もインターンシップの設定が困難な状況のため、半日や1日で設定する企業が多い。②プロジェクト型では、企業が数週間や1か月の期間を設けて企業が設定したプロジェクトを学生に提示し、仕事を体験しつつ、時としてプロジェクトに取り組むことで就業体験を得るものである。プロジェクトについては、参加学生はグループに分かれ、ディスカッションやディベートを体験してもらうことを目的とする。学生は、協働力や発言力、傾聴力、課題をまとめる力などが必要であり、足りない力を更に養う機会となる。③就業型は、企業先に一定期間所属して同社の業務や企業文化に触れることで就業体験することであ

る。新卒者採用に対応したインターンシップでは、この3番目の形態が、学生がイメージしやすいだろう。あなたがいずれの形態のインターンシップに申し込み、参加しようとも、実施する企業、そして仕事内容や適性を理解することが必要である。

インターンシップ実施先企業の準備についても、ここで触れることにしよう。学生を受け入れる企業の準備として、企業が③の就業型インターンシップを実施する場合には、学生の席を用意し、仕事内容の適切さ、難易度、先輩社員の選定、スケジュール管理などこれら全てを準備することから時間やコスト面で相当の負担がかかる。また、②のプロジェクト型インターンシップでは、担当グループを作り、クラウドファンディングを使って資金を集め、その過程で得られたコミュニケーション能力や協働、リーダーシップ、プロジェクトの評価を行う。本選考の初段階とも受け取れ、そのまま本選考の次段階へと移るケースもある。

ワーク4

あなたがインターンシップに参加するためには如何なる準備が必要であろうか。200字から300字でまとめよ。どの形態のインターンシップの話をしてもよい。

4．企業側の意図

インターンシップ実施企業は、前述したように参加者受け入れの準備を行う。普段は営業部や支店などで配属されている社員がこのために教育係を担当させることがある。いつもであれば各所で仕事に従事する社員を一時的に引き抜いてインターンシップ担当者として従事させることから、本来稼ぐことができる売り上げや利益を放棄し、仕事自体も彼ら・彼女らの配属部署の同僚など小人数で従事することになる。当然のことながら企業側の負担が大きい。また、インターンシップ期間中に、参加学生が問題を起こした場合は、企業が責任を負う。情報流出やケガなどの場合には、企業と学生双方に不利益が生じる恐れがある。例えば、学生がインターンシップ先で企業情報を自分のSNSで流出させたり個人情報を流した場合には、学生による行動によって企業のイメージを損ねることになる。情報を流出した学生の責任ではあっても企業が社会的に責任を負うことになるのである。また、企業が学生を危険な場所(工場でヘルメットを未着用など)で怪我を負わせた場合、企業側が損害賠償責任を負うリスクが生じる。企業はこういったリスクを回避、あるいは減らすために、インターンシップ実施には相当の準備を行なっている。例えば、受け入れ学生の保険加入、マニュアルの作成、担当先輩社員の準備、スケジュール管理や下見、課題の作成などである。また、企業と学生との間でインターンシップ誓約書(契約書)を交わすが、同書類には発生する業務や待遇などを中心に記載されているとともに、リスクについては情報漏洩などに限定して記載し、作成したものを用意する。こっらの

ことから、企業にとっては、インターンシップによる学生受け入れは、相当の負担が強いられるものである。それでも企業がインターンシップを行う理由は様々ある。例えば、人材育成の観点、職場環境の見直しの機会、安全管理体制の見直す機会、インターンシップ参加学生の意見を取り入れた企業の仕事の見直し、教育的観点から将来社会を支える人材となる学生への指導を通じた社員の仕事の意義の再発見とそれによるモチベーション維持・向上、職場雰囲気の改善、離職の防止、優秀な人材の発掘などを目的に学生を受け入れる。企業と学生がお互いに良かったと思えるようなインターンシップとなるためにも、双方が準備と努力をしっかりと行ってほしい。当然、本書第3章第2節で述べた組織人・社会人として守るべきルールを守らなければならないことは言うまでもない。

繰り返すが、就職活動の前哨戦とも言えるインターンシップには、企業側の思惑と学生側の思惑が存在する。就職活動にもルールがあるようにインターンシップにもルールが存在する。法令順守や遵法精神で学んだように、企業に迷惑をかけないよう十分な注意が必要である。また、受け入れ企業側も学生に怪我をさせないよう、また安全に十分有意義な時間を過ごしてもらうよう多くの時間に準備をかけて学生を受け入れている。その状況の中で、各自最低限のマナーを守ってほしい。受け入れ先の企業情報や業界を調べることは必須である。また、遅刻、突然のキャンセル、インターンシップ中の携帯電話、メモをとること、スーツ、身だしなみなど社会人なるにあたって最低限必要なことを学べる絶

好の機会だと捉えて参加してほしい。

ワーク５

インターンシップ実施企業が置かれる立場を踏まえ、あなたはインターンシップを通して如何なることに気を付けるべきか。また、インターンシップでの遅刻や突然のキャンセルは、企業にどのような影響を与えるのであろうか。200 字から 300 字で整理すること。回答するにあたり、どの形態のインターンシップを想定しても良い。

引用文献一覧

採用と大学教育の未来に関する産学協議会(2022)『採用と大学教育の未来に関する産学協議会 2021 年度報告書 産学協働による自律的なキャリア形成の推進』(2022 年 4 月 18 日)、https://www.sangaku kyogikai.org/_files/ugd/4b2861_80df016ea6fe4bc189a808a51bf444ed.pdf、(2023 年 7 月 15 日閲覧)。

文部科学省 、厚生労働省、経済産業省(2022)『インターンシップを始めとする学生のキャリア形成支援に係る取組の推進に当たっての基本的考え方』(令和 4 年 6 月 13 日一部改正後)、https://www.mhlw .go.jp/content/11800000/000949684.pdf、(2023 年 7 月 15 日閲覧)。

第１１章

留学生のキャリアデザイン

　留学生は、母国とは異なる社会事情の国で留学していることから、大学卒業後のキャリアについて分からない点は多いであろう。本章では留学生の主な進路となる日本における就職や大学院への進学、そして母国での就職についての概要を提示する。それによって、留学生が自らのキャリアを考え進路を選択するきっかけと事前準備について解説する。

１．留学生のキャリアデザイン

　世界規模でのコロナ禍の期間前には、日本に留学の外国人の数は、年々増加の傾向を示していた。2022 年 8 月、岸田総理大臣は永岡文部科学大臣に対し、年間 30 万人の外国人留学生(以下、留学生と呼称)の受け入れを目指す政府の目標を抜本的に見直し、さらに留学生増加のための新たな計画策定を指示した(NHK ニュース 2022 年 8 月 29 日)。今後もコロナ禍前のように留学生増加が期待される。1989 年から 2021 年までの間の留学生の推移は、図 11-1-1 を参照されたい。

図 11-1-1：留学生の推移

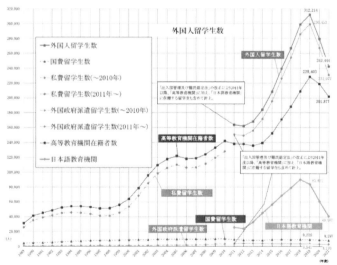

　(出所) 独立行政法人日本学生支援機構 2022、p.1「図 1 留学生からの
　　　　就職目的の処分数等の推移」。

留学生が大学卒業後に選択する道は、概ね次の三つとなるであろう。三つの道とは①日本における就職、②日本の大学院への進学、③出身国における就職、である。他にも日本以外の海外への留学や進学、就職の道もある

が、実際にその道を歩む留学生は少数である。留学生は学生として査証(ビザ)・在留資格「留学」を所持しているため、日本での就職の場合には留学の在留資格を必ず変更しなくてはならない。

表 11-1-1：留学生の就職に関する処分数推移表

(単位 人)

	平成22年	平成23年	平成24年	平成25年	平成26年	平成27年	平成28年	平成29年	平成30年	令和元年	令和2年	令和3年
処 分 数	8,467	9,143	11,698	12,793	14,170	17,088	21,898	27,926	30,924	38,711	34,183	31,955
許 可 数	7,831	8,586	10,969	11,647	12,958	15,657	19,435	22,419	25,942	30,947	29,689	28,974
不 許 可 数	636	557	729	1,146	1,212	1,431	2,463	5,507	4,982	7,764	4,494	2,981
許 可 率	92.5%	93.9%	93.8%	91.0%	91.4%	91.6%	88.8%	80.3%	83.9%	79.9%	86.9%	90.7%

(出所）法務省出入国在留管理庁、2022、p.5「表1 留学生からの就職目的の処分数等の推移)」。

図 11-1-2：留学生就職に関する処分数推移図

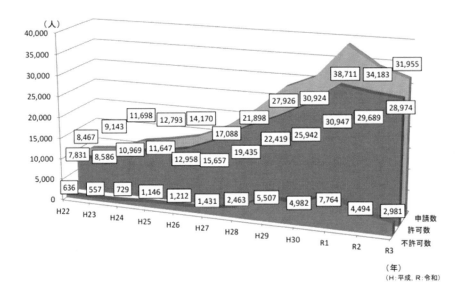

(出所）法務省出入国在留管理庁、2022、p.5「図1 留学生からの就職目的の処分数等の推移)」。

表 11-1-2　留学生就職に関する主要職務内容別許可人数

(単位　人)

職務内容	許可人数	(構成比)	職務内容	許可人数	(構成比)
翻訳・通訳	7,940	17.1%	技術開発	2,126	4.6%
企画事務(マーケティング・リサーチ)	3,531	7.6%	会計事務	1,933	4.2%
海外取引業務	3,476	7.5%	介護福祉士	1,656	3.6%
管理業務(経営者を除く)	3,356	7.2%	生産管理	1,499	3.2%
情報処理・通信技術	3,209	6.9%	調査研究	1,205	2.6%
法人営業	2,435	5.3%	CADオペレーション	990	2.1%
企画事務(広報・宣伝)	2,210	4.8%	その他	10,789	23.3%
			合計	46,355	100.0%

(出所)法務省出入国在留管理庁 2022、p.12「表6　職務内容別の許可人数（主要なもの)」。

表 11-1-3：留学生の就職先業種別許可人数

業種＼年	令和3年	構成比
金属製品	865	3.0%
食料品	790	2.7%
電気機械器具	564	1.9%
プラスチック製品	483	1.7%
輸送用機械器具	478	1.6%
生産用機械器具	435	1.5%
繊維工業	190	0.7%
その他	1,476	5.1%
製造業小計	5,281	18.1%
卸売業・小売業	5,015	17.2%
学術研究,専門・技術サービス業	2,218	7.6%
情報通信業	2,131	7.3%
医療・福祉業	2,045	7.0%
宿泊業	1,649	5.7%
職業紹介・労働者派遣業	1,611	5.5%
建設業	1,313	4.5%
不動産・物品賃貸業	1,247	4.3%
飲食サービス業	1,185	4.1%
教育	1,007	3.5%
運輸・信書便事業	461	1.6%
金融・保険業	202	0.7%
その他	3,350	11.5%
非製造業小計	23,434	80.3%
不詳	458	1.6%
合計	29,173	100.0%

(注) 複数の項目にチェックがあったものは重複して計上している。

(出所) 法務省出入国在留管理庁 2022、p.10「表5　業種別の許可人数)」。

前掲の図表(表 11-1-1、図 11-1-2、表 11-1-2、表 11-1-3)を概観すると次のとおりである。留学生の場合、特定の職種や仕事に該当する在留資格を得て仕事に就く必要がある。これは特定の職種や仕事でなければ日本では働くことができないことを意味する。単純作業に関わる職種では就労ビザが申請できない。留学生にとって日本は他国である。このためにかなり早い時期(例えば、来日して日本に慣れてから半年経った学部 1 年生後期)から何の職種や業種で働きたいかを明確にするともに実際にインターンシップに参加するなど長期に渡って就職への準備に取り組むことを強く進める。職務内容や業種が決まれば、日本人と同じスケジュールで就きたい職業を見つけ(第6章)、志望企業を選定(第 7 章から第 9 章)し、就職を希望する企業を絞り込む必要がある。

　上記の図表をみてあなたは自分の立ち位置とキャリアについて何を考えたか。200字から300字でまとめよ。

　留学生が大学卒業後に選択する主な3つの道を詳細に見ていこう。まず、「**①日本における就職**」の場合は次のとおりである。日本人と同じく就職活動を行うことをお勧めする。このテキストにあるキャリア形成のためにどの職種に興味があり、業界分析を行い、どのような試験があるのか（SPI試験・面接など）きちんと把握し、準備をする必要がある。その際、留学先の大学等の機関（就職課）が、就職ガイダンスや資料などを配布するので積極的に活用することが大切である。

　特に日本の就職活動のルールは複雑であり、外資系を除く日本企業は、経済団体連合会（経団連）の協定に沿って就職活動が開始する。よって、活動開始の時期が見直されたり、実は形骸化していて早期選考が始まることもある。最近ではインターンシップが採用社選考の一部として利用されることがある。また一部の企業では、参加者が採用候補者として考慮されて3年生の8月に内々定が出たというケースもある。このため、就職情報は欠かさず入手すべきである。

　大学3年次に編入学する留学生は、次のことに注意しなければならない。あなたの国によっては学校年度（学年暦）が半年ずれていることもあり、4月入学自体に違和感がある学生がいると思う。また、4月に3年次編入すると、日本での生活に慣れるまでに時間がかかる。ガス・水道・電気などの契約、携帯電話やネット回線の準備、市役所に住民票や健康保険などの申請がある。また、大学の履修ガイダンスや初めての授業など毎日多忙となるであろう。5月の連休辺りで一区切りがつく状態で、上述した3年生のインターンシップが始まってくる。実際に3年次編入の留学生については、自分のペースで良いので参加できるインターンシップが1社でもあれば参加を勧める。その後、本格的に始まる就職活動の準備段階として日本企業での就業体験ができる機会を得よう。そのためには日本の文化に慣れそれに従ってスケジュール管理をすることが大切である。

　以上の注意点を踏まえ、このテキスト各章に従って、自己分析や業界分析を早めに行っ

て、自分の納得のいく就職先を見つけよう。

ワーク2

日本での就職を希望する場合、あなたが考慮すべきことは何であろうか。200 字から 300 字でまとめよ。（日本での就職希望者のみ回答。）

次に、留学生が大学卒業後に選択する主な3つの道のうち、「②日本の大学院への進学」について説明しよう。大学院は研究をする場のため、主体的な学習ができるとともに研究能力がある人を合格させる。入学試験は各大学院で試験を実施するので、それぞれの大学院の研究科の大学院生募集要項を調べる必要がある。基本的には、留学生に必要なものは、(A)日本語能力、(B)専門知識の確認（筆記試験で確認を行う）、(C)英語（TOEIC など）、の3つが主な判断材料となる。

まず、(A)について、一部の大学院を除き、大学院では日本語によるコミュニケーションが必須であると考えてほしい。指導教員とコミュニケーションがとれるのか、日本語で修士論文が書けるのかを判断されるので、日本語能力がその水準以上であることを証明するために日本語検定1級（N1）を取得することである。難易度の高い大学院では、N

1取得を受験資格にする研究科も多数存在する。また、面接試験では指導教員候補の教授を含めた複数の教員が日本語能力を確認することから、早く準備をする必要がある。

日本語検定試験は年2回実施され、7月と12月の2回開催される。筆者が把握する限り、大学院入試は早いところでは6月から実施される。北陸先端科学技術大学院大学や富山大学大学院への推薦などは 4 月から募集が公開されている。応募書類の提出期間や入試日程の大幅な変更の可能性も踏まえ、募集要項を早めに取り寄せることが肝要である。

その他注意すべき点は、日本語検定試験の試験日から合格証明書が届くまでの期間を考慮し、大学院への応募書類締切日を確認してから早めの受験をすることを強く勧めたい。4年生の7月にN1を取得すると合格証明書は8月送付となる。そのため、N1を受験要件とする大学院は受験できなくなり、8

月や9月に応募書類を提出し、10月以降の大学院入試からの受験となる。よって、遅くてもN1取得は3年生の12月までででなければ大学院進学の機会を逸するであろう。

次に、(B)の専門知識の確認について説明する。大学院は高度な研究を行うことから、専門的な知識が必要になる。これは、学問分野それぞれの専門によって異なる。一般的に大学院で確認されるのは、学部卒業程度の専門知識である。よって、それぞれの学部での履修科目の勉強に励み、これらの習得に一生懸命努力すべきである。また、学部の科目において、その科目担当教員は一般的な授業を展開し、大学院合格を目的とした授業は行わない。よって、各自で市販のテキストなどを使用して、講義で行われなかった専門知識を勉強する必要がある。そして、基礎的な勉強を一通り終えたら、研究計画書を作成すると良い。研究計画書は、大学院入試の応募生類の一つである。研究分野の選択と問題提起、そしてその研究の意義を見出し、先行研究（既存研究）の整理を行い、自分の主張・意見（中心命題・仮説）を提示し、その仮説が如何なる分析枠組で証明されるのか、などを志望大学院が指示する文字数で記述しなければならない。その研究計画書に沿って、受験時の大学院教員との面接が始まる。提出した計画書の質問、また、将来における研究の活かし方などを説明することとなる。繰り返すが、面接の最中に日本語能力、筆記試験で受けた英語の専門試験の能力、そして専門知識を確認されることに注意したい。

次に、(C)英語（TOEICなど）について説明する。文学研究科やその他専門によって、英語が必須でない研究科も存在するが、社会科学系、特に経営学研究科においては、英語よる原著論文が多いことから、英語能力が必要である。また、英語の試験については、TOEICやTOEFLなど様々な検定試験での代替が存在するが、大学院によって提出するものが違うため、各自確認をする必要がある。また、3年生の終わりには、それぞれの大学院が要求するスコアを取得しなければならないため、不断の努力を要する。

ワーク3

大学院を受験するにあたって、あなたに足りない能力を書きだしてみよう。また、あなたが気付いたことは何であろうか。200字から300字でまとめよ。（大学院希望者のみ回答。）

最後に、留学生が所属大学卒業後に選択する主な 3 つの道で残る 1 つに当たる「**③出身国における就職**」について言及したい。自国での就職のための情報をネットや友達などから入手し、帰国後すぐに行動に移す必要がある。また、日本以外の海外大学院を希望する者は、大学での指導教授の指示に従ってもらいたい。海外大学院への推薦状などを準備する必要があるため、早めに相談を行うことが重要である。③で留学生が直面する状況は出身国によって様々変わることから、詳細は割愛する。

ワーク 4

出身国での就職活動(新卒採用のための募集)はいつ頃から始まり、また、如何なる就職活動のルールが存在するのか。200 字から 300 字で回答せよ。(帰国後就職などを希望する人のみ回答。)

ワーク 5

この章で学んだことを振り返り、考えたことを 200 字から 300 字で記述せよ。

引用文献一覧

（日本語文献）

(独立行政法人)日本学生支援機構(2023)、『2022(令和 4)年度 外国人留学生在籍状況調査結果』、https://www.studyinjapan.go.jp/ja/_mt/2023/03/date2022z.pdf、 （2023 年 5 月 27 日閲覧)。

法務省出入国管理庁(2022)『令和 3 年における留学生の日本企業等への就職状況について』、https://www.moj.go.jp/isa/content/001386483.pdf 、(2023 年 4 月 3 日閲覧)。

（ニュース/企業・団体ウェブページ）

日本放送協会、ウェブニュース『(NHK News Web)岸田首相「留学生 30 万人」見直し さらに増やす計画策定を指示』(2022 年 8 月 29 日 18 時 32 分)、https://www3.nhk.or.jp/news/html/20220829/k10013793231000.html、(2023 年 3 月 31 日閲覧)。

おわりに

学生の皆さんに期待すること

本書を読む前には将来に関して何も考えない、あるいは一歩も踏み出さない自分があなたの心の中にいたのかもしれない。本書によってキャリアデザインに取り組んでもらったが、あなたが思うようなデザインを描くために、何度も自分の過去を顧み、将来を見据えたことであろう。

今まで学生の就職やキャリア教育科目を担当してきた教員として、就職を考える学生の皆さんに少しでも寄与するために本書を執筆した。

キャリアをデザインするために、キャリアの意味から考えるなど順序立てデザインしていくこと、そしてワークに取り組むことで今まで頭の中に描いていたキャリアに関する思い(想い)やアイデアを第三者に理解してもらえるように紙に書き出すこと、これらは、あなたの現時点での立ち位置を把握するとともに将来に向かって今後何に取り組むのかを明確するのに大変役立つ行為である。また、将来について未だ漠然としており、それによって仮の将来を想定して本書の各章に取り組み実際のデザインを十分に練ることまで至らずともあなたは将来に対して前向きであり、何も取り組まずにいるよりも前進したことになる。加えて、この本の使用を通じて上記のようなやり方や前向きさを得たことをも学んでほしい。

最後に、筆者の一人、下畑によるキャリアに関する考えの一つを記して、就職を考える学生の皆さんへの激励の言葉としたい。「自分の将来を、人生を、自分が決めることができる余地がある時に計画を練り取り組みを進めていこう。そして、将来のある時点で、自らの過去を振り返った時に、大卒後最初に勤めるキャリア選択をしっかりと考えておけばよかった、と後悔しないようにしよう」。

あなたがキャリアの最初の一歩を全く考えることなく、運を天に任せるが如くその時の流れにまかせて決めた職業・職場に就いたとしよう。その後に自身の望む職業や仕事に応募しようとしても、最初の職業・職場、そこで得た知識、技能、経験などが採用過程で重視されることは想像できるであろう。特に職業を変更する場合には最初の職業選択による制約が大きくなることが予想される。大学新卒後の最初の勤め先は、その後の進路変更キャリア形成の上でも極めて重要である。振り返って、その後の人生であの時にこうしておけばよかった、という後悔をしないように、就職への早めの準備を強く勧めたい。

今後も継続してしっかりと自身のキャリアを考え、取り組みに積極的に参加してほしい。

索引

【掲載順】50音順、英語のアルファベット順に掲載。

【ページ番号】ページ番号後ろのL(Left)は左側、R(Right)は右側の段を指す。

筆者紹介

下畑 浩二 (しもはた こうじ) 相愛大学人文学部 准教授

森田 聡 （もりた　さとし） 北陸大学経済経営学部 准教授

キャリアデザイン　−就職を考える学生のために−

2023年 9月10日　　初版発行

著　者　　下畑　浩二・森田　聡

発行所　　株式会社　三恵社
〒462-0056 愛知県名古屋市北区中丸町2-24-1
TEL 052(915)5211
FAX 052(915)5019
URL http://www.sankeisha.com

ISBN978-4-86693-837-0